새 시대는 우리에게 무엇을 요구하는가

기학연문고 ①

새 시대는 우리에게 무엇을 요구하는가

지은이 · 송인규
초판 1쇄 찍은날 · 2001년 10월 20일
초판 1쇄 펴낸날 · 2001년 10월 27일
펴낸이 · 김승태
편집 · 조현철
표지디자인 · 정휘윤
영업 · 윤여근
등록번호 · 제2-1349호(1992. 3. 31.)
주소 · 110-616 서울 광화문우체국 사서함 1661
　　　출판유통사업부　T. (02)830-8566 F. (02)830-8567
　　　출판사업부　T. (02)766-8931 F. (02)766-8934
　　　E-mail: jeyoung@chollian.net

ISBN 89-8350-228-2　03230

copyright ⓒ 송인규, 2001

값 3,500원

■ 잘못 만들어진 책은 언제든지 교환해 드립니다.

기학연문고 ①

새 시대는 우리에게 무엇을 요구하는가

송인규 지음

예영커뮤니케이션

차례

서론

    인간은 미래를 예측하고 사전에 어떤 조치나 행동을 취함으로써 미래의 사태에 대해 영향을 미칠 수 있다. 물론 그렇다고 해서 미래가 완전히 인간의 손 안에 있다든지 인간의 행위가 전적으로 미래를 결정한다든는 것은 아니다. 그럼에도 불구하고 미래에 대한 사전 준비와 방침의 마련은 인간 지혜와 근면의 표징이다(창 41:33~36, 46~49; 잠 6:6~8; 눅 21:29~36; 행 20:29~31; 고전 7:25~31; 벧후 3:10~13 등). 더욱이 미래가 불행과 위기의 가능성을 품고 있을 때는, 예측과 대비의 중요성이 한층 더 부각된다.

    새 천년의 첫 걸음을 뗀 지구와 인간 사회는 어떠한가? 낙관과 희망의 관측이 있기는 하지만 동시에 걱정과 경고의 음성도 만만치 않다. 기독교 신앙은 인류의 미래와 관련해 종종 암담한 그림을 그리기 좋아했고, 일각에서는 지나칠 정도로 파국적인 최후에만 집착하곤 했다. 이렇게 인류의 미래를 전폭적으로 비관주의적인 입장에 서서 바라보는 데는 문제가 있지만, 필자 역시 어느 정도 우려와 불안은 감출 수 없다. 이러한 우려와 불안의 근거를 제시하고 미래에 대한 더 나은 대비를 도출하는 것이 이 논고의 핵심과 목적이라고 할 수 있다.

필자는 이 논고에서 인류의 미래와 관련된 세 가지 중요한 주제—생태계, 유전공학, 컴퓨터—를 소개하고자 한다. 이들은 이미 인류의 삶과 뗄래야 뗄 수 없는 연관을 맺고 있고, 앞으로도 그럴 것이다. 그런데 이런 분야는 알게 모르게 인간의 삶에 대해 파괴적 영향을 끼치기 시작했다. 이러한 영향은 새 천년의 시대를 맞으면서 더욱 극심한 상태로 치달아 가고 있다. 그런데 필자는 이런 문제들 뒤에 과학 기술이라는 큰 주제가 도사리고 있고, 더욱 심층적으로는 이 모든 것이 "우리 인간은 과연 어떤 존재인가?" 하는 인간관의 문제로 귀착된다고 본다.

과학 기술과 인간관의 문제는 그리스도인으로 하여금 새 천년의 시대에 걸맞은 새로운 윤리적 삶을 추구하게 만든다. 또 뒤집어서 표현하자면, 기독교 윤리는 그리스도인으로 하여금 미래 사회의 삶을 그리스도인답게 살도록 자극할 것이다. 따라서 이 논고는 앞서 말한 문제점들을 개관적으로 서술

하고, 이를 통해 그 밑에 깔려 있는 두 가지 질문—"과학 기술의 의미는 무엇인가?", "인간은 어떤 존재인가?"—에 접근하도록 할 것이다. 이와 같은 서술과 분석은 필연적으로 '기독교 윤리'의 원칙과 적용에 관한 설명을 동반할 것이며, 기독교 공동체로서 우리가 감당해야 할 바에 대한 안내와 지침을 마련하도록 도와 줄 것이다.

1. 미래 사회의 문제점

미래 사회는 현재의 사회와 다른 면이 많겠지만, 동시에 같은 면의 연속이기도 할 것이다. 따라서 오늘의 문제는 미래의 문제일 것이요, 미래 사회가 그 온전함과 건강함을 지키기 위해서 반드시 해결해야 할 문제일 것이다. 이런 배경적 지식을 가지고서 필자는 미래 사회의 문제—이들은 이미 오늘의 문제인데—를 세 가지 영역에서 관찰하고자 한다.

생태계와 자연 환경

미래 사회와 관련하여 제일 먼저 살피고자 하는 것은 인간이 존재론적인 공통의 뿌리를 내리고 있고, 창조 이래 더불어 살아 온 자연 환경에 관한 것이다. 인간이 자연 환경을 파괴하고 생태학적 해악을 끼친 것이 역사적으로 비단 최근만은 아니다. 산업혁명과 인구 폭발로 말미암아 환경 파괴가 급속도로 진행되기 시작했으며, 급기야 20세기 후반에 이르러서는 인류의 운명을 논할 만큼 심각한 사태로까지 발전하게 되었다.

오늘날 인간의 생활 환경에 가장 위협적으로 등장하고 있는 이변적 현상으로서 지구 온난화와 성층권의 오존 감소를 들 수 있다. 지구 온난화 현상(greenhouse effect)은 지구 표면에서 방출되는 긴 파장의 복사열이 우주 공간으로 돌아가지 못하고 인공적으로나 자연적으로 형성된 가스에 의해 오히려 지구에 재흡수됨으로써 지구 표면의 온도가 점차 상승하는 현상을 가리킨다. 지금까지 지구가 일정한 온도를 유지할 수 있었던 것은 대기가 거의 투명한 상태에 있어 태양에서 받는 열량과 우주 공간으로 되돌려보내는 열량 사이에 균형이 이루어졌었기 때문이다. 그런데 석유나 석탄 등 화석 연료(fossil fuels)의 사용은 많은 양의 이산화탄소를 발생시켜 대기 중 이산화탄소의 함량을 높여 주었고, 이것이 마치 온실의 비닐막과 같은 역할을 하여 지구 표면에서 방출되어야 할 복사열을 차단하게 되었으며, 그로 인해 지표면의 온도가 상승하게 된 것이다.

현재 지구 표면의 평균 온도는 섭씨 15도 가량이다. 과거의 온도 변화를 보자면, "대략 18,000년 전인 마지막 빙하 시대 이후 지구의 평균 온도는 약 섭씨 5도 정도밖에 더워지지 않았지만" 지난 한 세기 조금 못 되는 기간에는 평균 섭씨 1.5~4.5도의 큰 폭으로 상승해서 경각심을 일으키고 있다. 공교롭게도 이러한 온도 상승은 대기 중 이산화탄소 함량의 증가와 맞물려 있다. 학자들의 주장에 의하면, "1850년과 1960년 사이에 대기 중의 이산화탄소는 25%나 증가했다. 그간 30년 동안 대기 중의 이산화탄소는 약 12~13% 증가했다."

만일 다음 세기에 접어들어 이산화탄소의 농도가 두 배로 늘어나고 지구 온난화가 가속되어 지구 표면의 온도가 지금보다 섭씨 4도 가량만 올라가도, 그에 따른 파국-극지방의 해빙, 해수 표면의 상승, 기후 변화 등-은 엄청날 것으로 보인다.

인간의 생태 오염이 가져온 또 한 가지 문제점은 **성층권의 오존 감소 현상**이다. 이 현상에 대한 이해를 위해서는 약간의 예비적 설명이 필요하다. 우리가 말하는 대기권은 온도에 따라 네 영역—대류권(troposphere), 성층권(stratosphere), 중간권(mesosphere), 열권(thermosphere)—으로 세분된다. 이 가운데 가장 낮은 대류권이야말로 바로 우리 생태계가 지탱되고 있는 영역이다. 대류권 바로 위의 성층권은 기압이 너무 낮아 생물이 생존하기에는 불가능한 곳이다. 그러나 이 곳에는 대신 오존층이 구성되어 있어 태양의 강력한 자외선 이나 유해한 우주선(宇宙線)들을 흡수함으로써 지구의 생물들 을 보호하고 있다.

원래 오존이 지표면 가까이, 곧 대류권에 있을 때에는 공 기 오염의 주범으로서 눈병이나 호흡기 질환을 일으키고 수 목과 농작물에도 해를 끼친다. 또 도심지에서는 오존이 유해 한 스모그의 주된 성분으로 작용한다. 그런데 성층권에 있는 오존층은 지표면에서 20~25km 위에 형성됨으로써 오히려 지구상의 생태계에 보호막 구실을 하게 된 것이다. 그런데 1970년대에 들어서면서 이 오존층에 "구멍"―이는 오존의 농축 정도가 일시적으로 약화되는 현상을 일컫는다―이 생기 기 시작했다.

오존 감소 현상의 주범은 클로로풀루오로카본(chloro-fluorocarbon, CFC)인데, 이 화학 복합물은 염소를 방출하 여 오존을 파괴한다. CFC 물질은 안정성, 무독성, 무색성, 무취성, 불연소성이나 비부식성 때문에 가장 안전한 화학품 으로 여겨졌다. "이 때문에 스프레이 용기의 추진제나 스티

로폼에서 거품을 만드는 약품으로, 절연과 포장을 위한 플라스틱 제품, 병원의 소독약, 전자 부품의 세제 등 여러 산업 분야에 널리 사용되었다. 또 에어컨과 냉장고의 냉매(冷媒)로 사용되기도 했다." CFC 분자는 공기보다 가벼워 성층권으로 들어가 오존층과 만나며 75~125년에 걸쳐 오존 분자를 파괴한다는 것이다.

이러한 오존층 파괴는 최근 들어 가공할 만한 보고를 던져 주고 있다.

1988년에 미국 항공 우주국(NASA)은 북미와 유럽 그리고 아시아에 걸쳐 이미 오존층의 3%가 줄어들었다는 증거를 제시하였다. 겨울 동안 알래스카와 유럽의 스칸디나비아 지역에서는 오존층의 6%나 감소했다. 1995년 1월까지 북반구에서는 오존층이 13~14%나 감소했다.

오존층의 파괴로 인하여 인체 및 생태계에 끼칠 폐해 역시 심각한 것이다. 인간에서 미칠 결과로서 피부암의 증가, 백내장 등 안질환의 빈발, 면역 체계의 손상 등을 생각할 수 있으며, 생태계와 관련해서도 농작물의 수확 감소, 수중 먹이 사슬의 파괴, 종의 분포가 뒤바뀌는 일 등 문제점이 예상된다.

인간이 지구 환경에 끼친 악영향과 폐해를 단지 온실 효과나 오존 감소의 두 가지 항목으로만 국한할 수는 없다. 그 이

외에도 고체 및 유독성 쓰레기의 방기(放棄), 개인 및 산업 부
산물의 처리, 산성비, 대기 및 수질 오염 등 그야말로 그 목록
은 끝이 없다. 이러한 폐해는 생태계에서 자연 서식지의 감소
를 초래했으며, 또 급기야는 동식물 종의 감소를 가져 왔다.
만일 인류가 이러한 전지구적 재난을 심각히 받아들이지 않
는다면, 새 천년의 미래는 결코 우리를 미소로 맞아 주지 않
을 것이다.

유전 공학과 인간 복제

인류의 미래 사회를 걷잡을 수 없이 바꿔 놓을 또 하나의
영역은 유전 공학 및 그와 관련한 산업 분야이다. 이 분야 역
시 20세기 중반까지는 완만한 속도로 발전해 오다가, 1950
년대 염색체와 유전자의 식별이 가능해지면서부터 주변의 생
물 세계를 되돌이킬 수 없게 바꿔 놓았다. 유전학, 생물학, 의
학 사이의 학제간 연구(interdisciplinary study)와 실생활
속의 응용은, 인류 문명은 말할 것도 없고 인간의 본성에까지
영향을 미쳐 전대미문의 변혁을 시도하는 새 천년의 문지기
가 될 것임에 틀림이 없다. 곧 불어닥칠 미래 사회의 모습을
이보다 더 생생히 묘사할 수 있을까 싶어 여기 한 전문가의

글을 소개한다.

> 역사상 처음으로 '생식'을 부분적으로 대체하는 '복제'가 이루어져 동물 복제나 인간 복제가 일상화될 것이다. 소비자의 주문에 맞추어 유전자가 조작된 동물을 대량으로 복제 생산하여, 이 동물들이 마치 화학 공장처럼 인간을 위한 화학 약품이나 의약품을 값싸게 대량으로 생산—혈액이나 우유의 형태로—하게 할 수 있다. 또한 우리는 인간과 동물을 혼성한 잡종을 포함한 일련의 키메라(chimera)를 창조할 수도 있다. 예를 들어 반은 침팬지이고 반은 인간인 반인반수(半人半獸) 괴물이 실현될 수 있다. 인간과 동물을 혼합한 혼성 잡종이 의학 연구를 위한 실험 대상으로서, 그리고 이종간(異種間) 이식 수술을 위한 기관 '제공자'로서 널리 이용될 수 있다. 복제 동물, 키메라, 유전자 이식 동물 등을 인공적으로 만들어내고 번식시킬 수 있음은 '야생(野生)' 세계의 종언과 '생물 산업' 세계로의 진입을 의미할 것이다.

우리는 얼마 전만 하더라도 이런 종류의 글을 읽을 때 그저 공상 과학 소설에 등장하는 미치광이 과학자를 떠올렸을 것이다. 그러나 이제는 누구도 그렇지 않다. 특히 1997년 2월 이후 복제양 돌리의 출현이 알려지고 나서부터, 그 미치광이 과학자는 우리를 즐거운(?) 전율로 이끌어가는 가상의 인물 정도가 아니라, 이제는 우리와 함께 호흡을 나누며 삶 가운데 함께 뿌리를 내리고 살아가는 우리의 이웃이기도 하다는 사실을 소름 끼치는 현실감과 더불어 마음 깊이 새기게 되었다.

　유전 공학의 이러한 발전과 응용은 언제부터 생긴 것일까? 유전학의 학문적 성과는 근본적으로 유전자(gene)의 성격에 대한 이해로부터 비롯되었다. 분자 유전학의 전환점이 마련된 20세기 후반부보다도 훨씬 전인 1869년 생화학자 요한 미셔(Johann Friedrich Miescher, 1844~1895)는 백혈구 세포를 연구하다가 산(酸)을 발견하고 후에 핵산이라고 이름을 지었다. 1902년 월터 서턴(Walter S. Sutton, 1877~1916)은 세포핵 안에 있는 염색체(chromosome)라는 물질이 유전의 기본 단위라는 사실에 대해 최초의 결정적 증거를 제시했다. 그 후 1910년, 토마스 모간(Thomas H. Morgan, 1866-1945)과 그 동료들은 염색체가 후손의 성을 결정하는 역할을 한다고 밝혔다.

　그러나 오늘날과 같은 분자 수준의 유전학 연구는, 1944년 오스왈드 애버리(Oswald T. Avery, 1877~1955)와 그의 동료들이 박테리아의 유전자가 디옥시리보핵산(deoxyriobo-nucleic acid, DNA)이라는 화학 복합체로 구성되었음을 보임으로써, 그 효시가 마련되었다. 그 다음의 획기적 발전은 1953년에 있었는데, 드디어 제임스 왓슨(James D. Watson, 1928~　)과 프란시스 크릭 (Francis C. Crick, 1916~　)이

DNA의 분자 구조를 확정한 것이었다. DNA의 분자는 두 가닥의 폴리뉴클레오티드(polynucleotide)로 구성되어 있고, 이 두 가닥이 나선형으로 꼬여 있음이 알려졌다. 그러다가 1973년에 유전 공학 사상 또 하나의 획기적인 돌파구가 마련되었으니, 이름하여 유전자 재조합 기술(recombinant-DNA formation)이었다. 이것은 엔도뉴클레아제(endonuclease)라는 효소를 이용하여 DNA 분자의 어떤 특정 부위를 절단한 뒤 또 그렇게 절단한 다른 분자와 연결을 시키는 조작술인데, 이로써 인간과 다른 동물 사이에 유전자 전이가 가능하게 되었다.

유전 공학의 발전은 즉각 인간의 유전적 질병, 농업 및 축산 진흥, 그리고 각종 산업 분야에서 응용되었다. 특히 의료 분야에서는 인간의 유전적 질병을 예측 및 진단하고 응분의 조치를 취하는 데 혁혁한 공을 세워 왔다. 이와 같은 조치 가운데 인공 수정(artificial insemination)과 체외 수정(in vitro fertilization, IVF)이 대표적인 예라고 할 수 있다. 인간에 대한 최초의 인공 수정은 1785년 스코틀랜드 의사인 존 헌터(John Hunter, 1728~1793)에 의해 처음 시도되었다고 한다. 과거에는 주로 동물에 대해 많이 활용되었으나 후대에 이를수록 인간에게도 점점 시술 범위가 확대되어 1980년대

초반까지 미국에서만도 30~35만 건의 시술이 있었고, 한 해에만 만 건이 훨씬 넘는 아기들이 인공 수정을 통해서 태어났다는 보고가 있다. 인공 수정은 남성의 불임증을 치료하기 위한 수단이다. 이에는 두 가지 방식이 있는데, 남편 인공 수정(artificial insemination by husband, AIH)과 증여자 인공 수정(artificial insemination by donor, AID)이 그것이다. 전자는 남편의 정충을 채취하여 아내에게 주입하는 방식으로 윤리적인 문제점이 거의 없다. 그러나 후자의 경우는 남편이 아닌 제 3자의 정충을 공급 받는 것이므로, 전혀 이야기가 다르다.

그러나 더욱 복잡한 예는 체외 수정의 문제이다. 체외 수정이 처음 시술된 것은 1978년 7월 25일로서, 영국인 의사인 패트릭 스텝토우(Patrick Steptoe, 1913~1988)와 로버트 에드워즈(Robert Edwards, 1925~)가 인류 역사상 첫 시험관 아기(test tube baby)인 루이즈 브라운(Louise Brown)을 탄생시킨 것이었다. 체외 수정은 여성의 몸 안에서(in vivo)가 아니고 실험실의 적절한 배양기 안에서(in vitro) 정충에 의한 난자의 수정 과정을 의미하는데, 보통 불임 여성들의 출산을 돕기 위한 방책이다. 이 방식이 도입된 것은 겨우 20년 남짓이지만, 그 동안 많은 시술이 있었다. 체외 수정은 생의학적 기술의 발달로 말미암아 불임자들이 겪는 여러 가지 불행과 불편함을 경감시킬 수 있을지 모르지만, 남편과 아내 사이가 아닌 경우 생명의 신성함(sanctity of life)과 혼인 관계의 친밀성을 파괴한다는 점에서 많은 윤리적 문제점을 안고 있다.

그러나 어떤 문제점도 "복제"—특히 인간 복제—라는 주제만큼 엄청난 충격을 던지지는 못했다. 물론 인간 복제가 거론되기 이전부터 동물 복제는 진행되어 왔다. 동물 복제를 처음으로 성공시킨 이는 옥스포드 대학의 존 거든(John B. Gurdon)으로서, 1962년 핵이식(nuclear transplantation) 방법에 의해 올챙이를 얻는 데 성공하였다. 그 후 35년 동안 동물의 복제에는 세 건의 중요한 진보가 있었고, 이것이 직·간접으로 발판이 되어 복제양 돌리가 태어난 것이었다! 돌리의 출현이 특이한 것은, 종전과 같이 생식 세포를 사용하지 않고 체세포를 통해 (핵이 제거된 난자와 여섯 살 난 암양의 유방선에서 얻은 세포를 융합시켜) 복제가 이루어졌다는 데 있다.

이와 병행하여 인간 복제를 할 수 있는 기술 또한 착착 진행되고 있다(사실은 이미 준비가 끝났다고 보아야 할 것이다). 특히 미국에서는 1990년을 기점으로 하여 15년 후인

2005년까지 인간 게놈 계획(human genome project)을 추진시키고 있는데, 이는 인간 유전 인자들의 염색체 내 위치와 배열에 대한 포괄적이고 세밀한 연구를 의미한다. 이것이 완성되면 인간 배자의 합성이나 복제가 얼마든지 가능해지며 인간 복제의 태아를 만들어서 원하는 인간을 자유로이 생산할 수 있게 된다. 현재까지 알려진 바에 의하면 인간 복제가 아직껏 실현되지는 않았다. 그러나 기술적인 면에서 큰 문제가 없는 것으로 여겨지기 때문에, 오히려 그것이 함의하는 종교적·윤리적·사회적 문제로 말미암아 벌써부터 우려의 소리가 높다. 만일 어떤 식으로든 인간 복제가 허용된다면, 인류는 새 천년에 접어들면서 유사이래 미증유의 위기를 맞게 될지도 모른다.

컴퓨터와 사이버 공간

우리는 이미 컴퓨터 없는 삶을 생각하기가 어렵게 되었다. 어느 평범한 주부의 가계부 정리에서부터 국가적 차원의 안보 구축망에 이르기까지, 게임과 주식 시세에 대한 정보로부터 수학적 정리의 증명이나 질병의 진단에 이르기까지, 현대인의 생활 가운데 컴퓨터의 역할과 기능을 무시해도 좋은 영역이란 극히 드물게 되었다. 더욱이 전자 우편의 상용화, 홈페이지의 개설, 인터넷에 대한 참여 등으로 인해 컴퓨터의 영향과 파급적 세력은 가히 무소부재하다고 할 정도로까지 우리의 의식과 활동 전반에 뿌리를 내렸다.

컴퓨터는 어원상 '계산하다'(computare)라는 의미의 단어로서 원래는 계산을 수행하는 장치로 출발하였다. 그러나 오늘날에는 처음 의도한 산술적 기능을 넘어서, 자동 제어, 데이터 처리, 사무 관리, 언어나 화상(畫像)의 정보 처리 등 광범위한 활동에 이용되고 있다. 컴퓨터는 인간의 지적 활동에 비견할 만큼 여러 가지 기본 기능들—비교, 분석, 판단, 계측 등—을 수행할 수 있기 때문에, 사람이 명령을 내리기만 하면 여러 가지 복잡하고 시간 소요가 많은 일들을 빠르고 정확하게 처리해 준다. 컴퓨터가 정보를 처리하기 위해서는 우선 정보를 입력할 수 있어야 하는데, 이러한 작업은 전기를 이용해 수행이 가능하다. 우리가 입력시키고자 하는 정보는 단어와 숫자로 구성되어 있는 만큼, 단어를 구성한 각 알파벳마다 (또 숫자의 경우도 마찬가지) 전기를 껐다 켰다 함으로써 고유의 부호를 설정할 수 있다. 이렇게 사용하는 전기적 신호는 0과 1로서 불이 들어왔다 꺼졌다 하는 것을 나타난다. 이러한 기본 단위를 비트(bit)라고 부르는데, 이는 2진 숫자(binary digit)의 약자로서 정보 전달의 최소 단위 곧 2진법의 0과 1을 의미한다. 또 비트만으로는 인간이 원하는 모든 정보를 표현할 수 없으므로 여러 개의 비트를 모아 하나의 정보를 표현하는데, 보통 8비트가 모여 1바이트(byte)를 구성한다. 가령 예를 들어 키보드에서 정관사 'the'를 친다는 것은

   t: 01010100

   h: 01101000

   e: 01100101

과 같은 식의 비트를 입력시킨다는 뜻이 된다.

컴퓨터가 우리의 삶에 혁명적인 변화를 일으킨 것은 소위 컴퓨터 통신 때문이었다. 개인 컴퓨터가 널리 보급되고 상호 간 정보 통신의 필요성이 대두되면서, 동시에 컴퓨터 통신 역시 매우 중대한 통신 수단으로 각광을 받기 시작했다. 그런데 이러한 통신이 가능하려면 개인용 컴퓨터를 전화선에 연결시켜야 하는데, 바로 여기에서 한 가지 문제점을 만나게 된다. 즉 컴퓨터는 상기했듯 디지털 신호에 의해 정보를 처리하지만, 전화의 선은 이와 달리 아날로그 신호에 소리를 전달하도

록 되어 있다는 점이다. 그렇다면 컴퓨터의 디지털 신호를 아날로그 신호로 변환하기도 하고 또 반대로 아날로그 신호를 디지털 신호로 변환시키는 작업이 필요한데, 이 역할을 감당하는 장치를 바로 모뎀(modem)이라고 부른다.

개인 컴퓨터의 광범위한 사용과 컴퓨터 통신의 보편화는 명실공히 정보화 시대의 문을 활짝 열어 놓았다. 특히 인터넷의 폭발적 사용으로 말미암아 전 인류는 물리적 공간과 사회적 계층을 초월하여 지구 마을의 한 정보 가족으로 자리매김을 했고, 광대한 정보의 바다에서 함께 어우러지게 되었다. 인터넷의 최초 원형은 1969년에 형성된 알파네트(ARPANet)이다. 원래 ARPA는 국가의 안보를 강화하기 위한 군사 목적의 프로젝트에서 출발하였으나, 곧 대학의 컴퓨터 연구소와 손을 잡게 되었고 그리하여 알파네트를 결성한 것이었다. 그 후 몇 가지 실험 및 조정 단계를 거치면서 일반에게 공개되었고, 점점 이 네트워크에 참여하는 수효가 늘어나게 되었다. 또 인터넷 사용자의 측면에서 본다면, 1997년 말에는 1억이 넘는 인구가 사용했고, 1998년 말에는 최소 1억 5천만 명이 사용했으며, 1999년 9월 현재 그 사용자가 벌써 2억을 상회한 것으로 나타나 있다. 인터넷 사용의 열기가 급속도로 증가한 것은 불과 5년 밖에 되지 않는 짧은 기간이었지만, 그로 인한 변화는 엄청난 것이었다.

이상과 같은 컴퓨터 통신의 출현과 보급은 급기야 사이버 공간의 형성과 공유를 낳았다. '사이버 공간'(cyberspace)이란 '사이버네틱스'(cybernetics)와 공간(space)의 합성어로서 다음과 같이 묘사될 수 있다.

> (사이버 스페이스란) 일반적인 3차원의 장소가 아니라, 하나의 은유로서 우리가 기거하나 신체적으로는 그 곳에 있지 않은 상징적 '장소'를 가리킨다. 전화가 그 한 예가 될 수 있다. 우리가 전화를 할 때 우리와 상대편은 일종의 상징적인 공간에서 만난다. 우리는 대화를 하지만 (정보, 감정 등등을 서로 나눈다) 신체적으로는 함께 있지 않다.

이러한 사이버 공간은 인류가 지금까지 경험한 것과는 또 다른 새로운 지각과 느낌의 장을 제공해 주었다. 그것은 분명 온전한 의미의 현실은 아니면서도 (바로 여기에서 "가상 현실"이라는 용어가 등장하게 된다) 현실 못지 않게 —아니 오히려 현실보다도 더 현실감 넘치게— 우리의 인식과 감각에 부딪혀 오곤 한다. 사이버 공간 속의 이러한 경험이 인류의 삶에 많은 유익을 줄 것은 명약관화한 일이다. 가상 현실은 먼저 군사적인 필요에 의해서 시작되었지만, 오늘날에는 과학, 의료, 교육, 레저, 예술, 스포츠, 건축과 설계, 오락 등등 인간의 삶 모든 영역에 활용되고 있다.

그러나 동시에 사이버 공간이 인간에게 끼치는 부정적 영향 역시 결코 만만치 않다. 첫째, 사이버 공간 안에 참여가 점차 확대되면서 그에 따른 부작용의 호소 또한 증가 일로에 있다. "사이버 질병"(cybersickness)이라 불리기도 하는 이 병의 증세에는 가벼운 현기증, 두통, 구토, 시력 장애, 방향 감각의 상실 등이 포함된다. 둘째, 중독성의 이슈 또한 쉽게 간과할 수 없다. 이것은 특히 자라나는 청소년에게 큰 문젯거리로 등장한다. 정서적으로 또 인지적으로 민감한 이들이 가뜩이나 이미 폭력물과 음란물 때문에 좋지 않은 영향과 자극을 받고 있는데, 한 술 더 떠 가상 현실까지 합세할 경우, 그 폐해는 심각한 것이 될 수도 있다. 셋째, 심리적—사회적 불안정의 증상 역시 사이버 공간이 가져다 주는 폐단의 한 항목으로 올려야 한다. 인터넷 사용자의 심리적 변화를 추적한 최근의 연구에 의하면, 인터넷은 사용자들에게 더욱 큰 소외감과 외로움을 야기시켰고, 실제 세상에서 친구를 잃고 있다는 것이다. 넷째, 가장 큰 문제는 아마도 자아 정체성의 위기일 것이다. 고도의 익명성이 보장되는 사이버 공간 참여는 대리 경험, 가명의 차용, 성의 전환(gender surfing) 등이 자유로워

짐에 따라 진정한 일상적 자아와 허구적 자아(pseudo-self) 사이에 분열 증세가 찾아든다.

사이버 공간으로 말미암은 이상의 문제점들은 인류가 새 천년의 시대로 접어들면서 절대 퇴조하지 않을 것이다. 사이버 공간의 순간적 흥분과 짜릿함은 동시에 우리로 하여금 엄청난 값을 치르게 할 것이니, 우리는 그 광대무변한 가상의 공간 속에서 몸 없는 뜨내기로 파편화된 자아들로 영원히 부유(浮游)할지도 모른다.

2. 과학 기술: 복리(複利)인가? 재앙인가?

　필자는 지금까지 새 천년의 미래 사회가 어떤 모습을 띨 것인지 또 어떤 문제점을 안게 될 것인지 생태계, 유전 공학, 컴퓨터의 영역에서 살펴보았다. 우리는 연속의 원리 및 유추의 원리에 입각하여, 미래 사회의 문제는 곧 오늘의 문제라고 전제하였다. 즉 20세기 후반부에 인류가 당면한 각종 난제는 의심할 여지없이 미래 사회의 문젯거리이기도 하리라는 추론이다. 그런데 필자가 선택한 세 가지 영역에서 겪는 어려움들은 모두가 공교롭게도 과학 기술이라는 주제와 맞물려 있다. 다시 말해서 생태계, 유전 공학, 컴퓨터에서 인류가 겪는 재해나 난국은 궁극적으로 인류 문명을 주도해 온 과학 기술의 문제와 뒤엉켜 있다. 그렇다면 우리는 앞에서 상술한 세 영역 내의 문제점이 과학 기술이라는 주제와 어떻게 연관이 되는지 살펴보아야 한다. 또 그러기 위해서는 먼저 '과학 기술' 이 무엇을 뜻하는지를 설명해야 할 것이다.

'과학'과 '기술' 사이의 관계

'과학'과 '기술'은 일상적 사용에서 같이 붙어 다니는 수가 많기 때문에, 사람들은 이 둘을 비슷한 동아리 개념으로 뭉뚱그리곤 한다. 그러나 실상 두 용어는 전적으로 별개의 것이다. '과학'(science)은 "인간이 자신의 물리적 환경을 이해하고자 노력하는 가운데 축적해 놓은 경험적이고 실증적인 지식의 체계"라고 정의 내릴 수 있을 것이다. 이와 달리 '기술'(technology)은 "조직화된 지식을 인간 및 기계의 지시 체제에 의해 실용적인 과업에 충당하는 일"로 정의된다. 언뜻 보아 과학은 근본적이고 이론적이고 일반적인 지식에 관계되는 반면, 기술은 실제적이고 응용적이고 구체적인 활용 방안에 대한 것으로 이해하기 쉽다. 또 기술은 항시 과학 의존적이어야 한다는 뿌리깊은 선입견을 가지고 있다.

전문가들의 연구에 의하면 과학과 기술 사이의 의존성이나 연접성은 필연적인 일이 아니라고 한다. 즉 오늘날 우리가 아는 바대로 과학 기술 관계는 19세기에 이르러 비로소 시작되었다는 것이다. 과학적 이론이 형성되어 있지 않을 때에도 이미 기술은 발전된 경우도 많았다. 19세기 이전까지는 놀랍게도 오히려 과학이 기술 의존적이었다! 과학과 기술이 꼭 연접되지 않았음은 역사적으로 볼 때에도 자명하게 드러난다. 과학적 사고로 충일했던 고대 그리스인들은 비교적 기술면에서 뒤떨어졌고, 찬란한 기술 문명을 발전시켰던 로마 사회에서는 반대로 과학이 침체해 있었다. 또 산업 혁명 당시의 영국은 기술면에서는 상당한 진보가 있었지만, 과학적 성장의 면에서는 프랑스에 비해 매우 뒤쳐져 있었다.

그러나 19세기 이후부터 과학과 기술은 오랜 세월의 엇갈린 행보를 종식하고, 드디어 다시는 갈라설 수 없는 숙명의 해후 속으로 몰입했다. 그 결과 다음과 같은 놀라운 변화가 초래되었다.

19세기에 이르러서는 과학과 기술 사이에 좀 더 직통의 루트가 모색되었다. … 그러한 연합의 과정 가운데 변화를 맛본 것은 기술과 과학뿐만이 아니라 다른 제도들도 마찬가지였다. 산업 연구소가 설립되었고, 기계 및 기술 학교들이 창설되었으며, 수공업자들은 점차 기술자 및 과학자들로 대치되었고, 공학 과학(engineering sciences)이라는 새로운 지식 체계가 기술 자체 내에서 발전되었다. … 정치 경제적인 이익과 전시(戰時) 체제에 대한 연구의 필요 때문에 작동한 기술의 발전은, 산업 연구와 발전을 증진시키고, 응용 연구를 하는 독립 기관들을 만들어 내었으며 과학 교육을 상점 분위기에서 학문적 환경으로 바꾸는 일을 했던 것이다.

따라서 필자는 과학과 기술을 독립된 별개의 개념으로 취급하지 않고, 오늘날 이해하는 바와 같이 함께 연계된 이론적·응용적 지식 체계로 규정하고자 한다.

과학 기술에 대한 낙관적 입장

오늘날 인류가 겪고 있고 새 천년의 미래에도 여전히 겪게 될 문제들은 사실상 과학 기술의 발전과 높은 상관 관계를 맺고 있다. 다시 말해서 인류가 추구해 온 과학 기술의 발전 때문에 생태계, 유전 공학, 컴퓨터 등의 영역에서 현재 우리가 당면한 각종 폐해와 두려움이 초래되었다는 뜻이다. 그러면 우리는 과학 기술을 어떻게 해야 할 것인가? 과학 기술의 은택이 없이는 인류의 삶 자체가 불가능한 만큼, 소소한 문제점들은 머지 않아 극복되리라는 희망을 품은 채 오히려 더욱 적극적으로 그것을 붙들고 나가야 할 것인가? 아니면 반대 극단으로 가서 한시 바삐 과학 기술의 유토피아적 허상과 환영을 벗어버리고 가능한 한 그 영향을 덜 받도록 해야 할 것인가?

만일 어떤 이가 전자의 입장을 취한다면, 그것을 가리켜 낙관적 과학 기술관이라 부를 수 있을 것이다. 과학 기술에 대한 낙관적 견해의 주창자들은 대체로 다음과 같은 미래를 그리고 있다.

농업에서, 어떤 전문가들은 지속되는 녹색 혁명과 신종 작물에 대한 유전 공학적 처리는 증가하는 세계 인구에 대해서도 충분한 식량을 공급할 수 있을 것으로 기대한다. 에너지의 경우, 증식형 원자로(breeder reactors)와 핵융합 작용이 화석 연료를 대치할 수 있는 환경 친화적 동력(environmentally benign power)을 제공할 것이라 주장되고 있다. 컴퓨터 열성파들은 정보 시대—곧 산업이 자동화되고 통신망이 산업적·전문적 개인적 삶을 향상시킬 수 있는 그런 시대—를 기대한다. 생명 기술 공학은 유전병의 조절, 생명의 향상 및 새로운 종들의 의도적 설계—심지어 인류 자체의 개조까지도 포함하여—를 약속하고 있다.

이와 같이 낙관적 견해를 갖는 데는 두 가지 정도의 근거가 있다. 첫째, 과학 기술이 가져다 주는 상대적 유익성을 내세워, 낙관적 견해를 펼치는 수가 있다. 모든 과학 기술은 혜택뿐만 아니라 위험 부담도 함께 동반하지만 그러한 위험을 합리적으로 잘 처리하는 것이 인간의 책임이라는 것이다. "어떤 기술들은 환경을 오염시키지만, 다른 기술들은 오염을 경감시킨다. 새 기술이 들어와 일부 노동자들을 쫓아내기도

하지만, 새로운 직종을 창출하기도 한다. 19세기의 공장들과 20세기의 조립 작업대(assembly lines)에는 지저분하고 단조로운 일거리가 수반되었지만, 새로 출현한 기술들은 더 큰 창의력과 개별성(individuality)을 허락한다."

둘째, 낙관적 견해의 근거를 과학 기술의 궁극적 해결 가능성에서 찾는 이도 있다. 즉 과학 기술이 원치 않는 부작용을 초래한 것은 사실이지만, 그러나 이러한 부작용 역시 장차 과학 기술 자체에 의해서 얼마든지 해결될 수 있는 것이라고 낙관한다. 이러한 낙관론은 과학 기술에 대한 신념뿐 아니라 한 걸음 나아가서 인간이 가진 백절불굴의 추진력과 모험 정신에 대한 신념에서 비롯된다고 하겠다. 여기에 이러한 신념의 기수가 있다.

우리의 모든 염려에도 불구하고 서둘러 나아가는 수밖에 없다. 우리는 먼저 연민(compassion)의 이름으로 그렇게 해야 한다. 우리가 과학 기술의 변화에 등을 돌린다는 것은, 현재의 전 세계적 상황들—기아, 질병 및 궁핍—에 대해 만족스럽다는 표시를 하는 것이 된다. 더욱이, 우리는 인간적 모험(human adventure)의 이름으로 서둘러 나아가야 한다. 실험과 변화가 없이는 우리의 실존이라는 것이 하나의 맥빠진 과업이 될 것이다. 많은 무리에게 식량을 공급해야 하고, 질병들을 정복해야 하며, 탐색할 바다와 측량할 하늘이 있는 한, 우리는 결코 멈추어 설 수 없다.

그러나 과학 기술에 대한 이러한 낙관론은 심지어 그리스 도인 가운데에서도 나타난다. 대표적인 학자로 하비 콕스 (Harvey Cox)를 들 수 있다. 콕스는 기독 신앙이야말로 기술 사회를 향한 발전을 이룰 수 있는 선결 요건임을 제시해 주었다. 성경은 인간이 자연으로부터 '탈주술'(脫呪術; disenchantment)을 맛보도록 도왔다. 즉 인간은 자연을 다스리고 복종시키는 임무를 받았을지언정, 자신을 자연의 표현 정도로 여기거나 또는 자연을 신적 대상으로 대하도록 지시 받은 것은 아니었다고 한다.

> 바로 이러한 자연 세계로부터 비롯한 탈주술이 자연 과학의 발전에 대한 절대적 선결 조건을 부여한다. … 과학은 근본적으로 하나의 관점이다. 한 문화의 관찰력이 아무리 고도로 발달되어 있고 계측 장비 (equipment for measuring)가 그 아무리 정교하다고 해도, 인간이 자연 세계를 두려움 없이 직면하기까지는 진정한 과학적 탈출구는 가능하지 않다. 자연을 자기 자신이나 자기 그룹의 연장(extension)으로 지각하든지 아니면 신적 구현으로 지각하던 곳에서는, 우리가 아는 바로서 과학이란 배제되었다.

콕스는 이 이외에도 성경적 노동관, 사물의 변화와 발전에 대한 긍정적 분위기, 하나님께서 부여하신 바 자연에 대한 인간의 사명 등으로 말미암아 현대의 과학 기술이 가능하게 되었다고 설명한다.

과학 기술에 대한 비관적 입장

지금까지 소개한 이론이 낙관적 입장이었다면, 반대 극단
에는 대조적으로 과학 기술에 대한 비관적 견해가 자리잡고
있다. 아마 이런 입장의 가장 대표적인 인물은 두말할 나위
없이 자크 엘룰(Jacques Ellul, 1912~)일 것이다. 엘룰의
비관적 입장은 두 가지 원천에 기초하고 있다. 하나는 성경적
교훈이요, 다른 하나는 사회학적 분석이다. 우선 성경—주로
창세기 처음의 몇 장들—에 대한 그의 해석을 살펴보면, 다음
과 같은 핵심적 주장이 떠오른다.

(i) 하나님의 창조는 완벽해서 무엇을 더하거나 개발하는 것이 필요하
지 않았다.
(ii) 아담은 창조되었을 당시 아무런 수고나 애씀 없이, 또 어떤 도구
나 연장 없이 에덴 동산을 경작하고 다스렸다.
(iii) 기술은 모두가 다 인간의 타락 이후에 도입된 죄된 것이다.

엘룰은 첫 번째 주장과 관련하여 "하나님이 그 지으신 모든
것을 보시니 보시기에 심히 좋았더라"(창 1:31)와 "하나님의

지으시던 일이. . . 마치니라"(창 2:2)를 인용하고 있다. 두 번째 진술을 설명하면서 엘룰은, 우리는 늘 타락한 상태의 관점에서 '일'을 생각하기 때문에 연장이나 도구의 필요성을 떨쳐 버리지 못하지만 타락 전에는 그렇지 않았다고 주장한다. "경작은 필요하지 않았다. 더 이상 손볼 일도 없었고, 접목(接木)할 필요도 없었으며, 수고하고 신경 쓰고 할 필요가 없었다. 창조 세계는 하나님의 명령(창 1:29)에 따라 인간에게 필요한 것을 저절로 부여하게끔 되어 있었다." 만일 앞의 두 주장이 사실이라면 따라서 세 번째 주장도 참이 될 것이다.

엘룰의 비관적 입장은 성경의 해석에만 의존하지 않는다. 사실 더 많은 노력은 그의 사회학적 분석에 있다. 그런데 그는 먼저 테크닉(technique)이라는 용어를 제대로 이해해야 한다고 강조한다.

본인이 사용하는 테크닉이라는 용어는 기계, 기술(technology), 또는 어떤 목적을 이루기 위한 이런 저런 과정을 의미하지 않는다. 우리의 기술 사회(technological society)에서, 테크닉이란 인간 활동의 모든 영역에 개재되는 바 (당시의 발전 단계에서 볼 때) 합리적으로 도달하게 되었으며 절대적 효율성을 가진 방법들의 총화이다. 테크닉의 특성은 새로운 것이며 현재의 테크닉은 과거의 테크닉과 공통되는 측정 기준을 갖고 있지 않다.

엘룰에 의하면 테크닉은 기술의 편만한 구조 및 기술 의존의 정신을 나타내는 폭넓은 용어인데, 이런 의미에서 테크닉은 산업 분야에만 침투해 있는 것이 아니고 인간의 모든 영역—사회적, 정치적, 경제적, 문화적—을 점거하고 있다는 것이다. 특히 현대의 테크닉은 '합리성'과 '인위성'의 귀결인 '효율성'만을 그 규준으로 내세우며, 인간을 비인간화하고 조종할 뿐 아니라 결국에는 자유를 빼앗아 노예로 전락시킨다는 것이다.

엘룰은 인간이 이러한 테크닉의 마수로부터 벗어날 수가 없다고 말한다. 물론 그리스도인의 경우 죄악된 테크닉의 질서를 직시하고 그 이상을 올려다볼 수 있는 안목과 힘을 얻을 수는 있겠지만, 좀 더 근원적으로 테크닉을 변혁시키는 작업에 대해서는 입을 굳게 다물고 있다.

지금까지 우리는 미래 사회에 편만하게 될 세 영역—생태계, 유전 공학, 컴퓨터—의 문제점을 일별했고[1 앞], 그러한 모든 문제점의 뿌리요 근원이라고 할 수 있는 과학과 기술의 문제를 살펴보았다[2 앞]. 그런데 과학과 기술의 주제를 다루면서, 이 주제를 조망하는 두 가지 대조적 견해—낙관적 입장과 비관적 입장—를 소개만 하고, 이에 대한 필자 자신의 평가나 판단은 시도하지 않았다.

이러한 유보는 의도적인 것이다. 왜냐하면 그리스도인으로서 과학 기술에 대한 온전한 평가는 기독 신앙에서 더 근본적인 문제-인간이란 무엇인가?-와 맞물려 있기 때문이다. 따라서 필자는 이제 성경적 인간관을 먼저 살펴볼 계획이며, 그 이후에 과학 기술에 대한 좀 더 균형 잡힌 견해를 제시할 예정이다.

3. 사람이 무엇이관대

인간이란 무엇인가? 인류는 끊임없이 이 질문을 반복하고 있다.—그 역사적 출현의 벽두부터 시작해 최첨단의 기술 문명을 이룬 오늘에 이르기까지 말이다. 그러나 시간의 흐름에 되비춰진 인간의 모습은 파편 투성이요, 굴곡과 단층으로 일그러져 있었다. 혹시 온전한 영상이라 해도 이는 자기가 꾸며낸 투사상(投射像)이었지, 본 모습의 반영은 아니었다.

인간: 하나님의 형상

성경은 놀랍게도 인간이 하나님을 반영하는 존재라고 가르친다. 이는 하나님께서 첫 인간들을 창조할 때 밝히신 바였다. "하나님이 가라사대 우리가 우리의 형상을 따라 우리의 모양대로 우리가 사람을 만들고 그로 바다의 고기와 공중의 새와 육축과 온 땅과 땅에 기는 모든 것을 다스리게 하자 하시고"(창 1:26). 그런데 문제는 하나님의 형상이 무슨 뜻이며 또한 무엇을 가리키느냐 하는 것이다. 왜냐하면 하나님의 형상에 관해서 수없이 많은 이론들이 등장했고, 또 저마다 앞다투어 그 타당성을 주장하기 때문이다.

하나님의 형상이 무엇인지 알아보는 데 가장 선행되어야 할 바는 구약 당시 신의 형상물(形像物)(the image of a god)이 무엇을 의미했는지 살펴보는 일일 것이다. 구약학자 클라인즈(D. J. A. Clines)는 근동 지방의 형편을 배경으로 하여 하나님 형상의 의미를 여섯 가지 사항으로 제시하고 있다.

1. 신의 형상물은 보통 원형의 삼차원적 물체로서 입상(立像)의 모습을 하고 있다. 고로 인간은 몸과 영혼의 통전적 단일체로서 하나님의 형상이다.
2. 신상(神像)은, 신이 신체적으로는 아니로되 영적으로 함께 할 수 있는 곳에 세운 형상물로서, 자신을 대표하기 위한 것이다. 고로 인간은 하나님께서 지상에 세우신 하나님의 대표자이다.
3. 형상물은 많은 경우 자기가 대표하는 원형과 유사성이 있다. 고로 인간은 어떤 면에서 하나님을 닮았다.
4. 신의 형상물을 인간과 관련시킬 때 그것은 주로 왕을 가리킨다. 고로 인류는 집합적 의미에서 모두가 함께 왕의 지위를 부여받았다.

5. 하나님의 형상이 왕에 대한 것이라고 할 때, 그것은 곧 만물에 대
   한 통치를 함의한다.
6. 한 번 신의 형상물이 되면 영영 그런 존재로 남는다. 고로 인간이
   하나님의 형상인 것은 첫 인물 아담에게만 해당되는 것이 아니고
   모든 후손들에게도 마찬가지이다.

하나님의 형상이 의미하는 바를 이상과 같이 묘사한다고
해도 여전히 문제는 남는다. 즉 그 형상의 구체적인 내용이
무엇을 가리키는가 하는 것이다. 필자는 여기에서 하나님의
형상과 관련하여 세 가지 수준을 제시하고자 한다.

(i)   인류 대 자연계: 피조계를 다스림 (창 1:26~28).
(ii) 인간 상호간: 사회성 혹은 공동체성 (창 2:18~24).
(iii) 인간 개개인: 좁은 의미의 하나님 형상 및 넓은 의미의 하나님 형상.

하나님의 형상이 구체적으로 무엇을 가리키는지 알아보고
자 할 때, 우리는 세 가지 수준 모두를 총체적으로 고려해야
한다. 그런데 (i) 인류라는 집합적 수준에서 보면, 이 때 하나
님의 형상은 피조계를 다스리는 권세와 연관이 된다. (ii) 인
간과 인간 상호간의 인간 관계적 수준에서 보면, 하나님의 형
상은 사회성 혹은 공동체성을 가리키는데, 더욱 구체적으로
는 상보성, 친밀성, 합일성을 그 특징적 내용으로 한다. (iii)

인간 개인적 수준에서 보면 하나님의 형상은 인간 개개인이 보유한 근본적 특성들을 나타내는데, 흔히 좁은 의미의 하나님 형상과 넓은 의미의 하나님 형상을 구별해서 이야기한다. 좁은 의미의 하나님 형상에는 의(엡 4:24), 거룩(엡 4:24), 참 지식(골 3:10)이 포함되는데, 이들은 인간이 원초에 부여받았으나 타락과 더불어 상실했다가 그리스도 안에서 다시 회복하게 된 특성들을 말한다. 반면 넓은 의미의 하나님 형상은 타락으로 인해 손상은 입었지만 상실되지는 않은 바로서, 인간이 다른 피조물과 구별되는 도덕성, 지성, 영성, 창의성 등의 특성을 가리킨다.

인간을 하나님의 형상으로 파악할 때 성경이 말하는 인간의 독특성은 다음과 같은 몇 가지 진술로 표현될 수 있다.

명제 1: 인간은 하나님에 의해 피조된 존재로서, 하나님의 주권과 다스림 가운데 머물러 있어야 한다.
명제 2: 인간은 하나님의 위임을 받은 피조계 전체의 청지기이다.
명제 3: 인간은 다른 피조물과 달리 정신적이고 영적인 특질을 가진 존재이다.
명제 4: 인간은 영과 육의 구성적 요소를 지닌 통전적 단일체이다.
명제 5: 인간은 다른 인간과 맺는 교제 및 교류 가운데 하나의 공동체를 이루며 살아가게끔 되어 있다.

이러한 다섯 가지 명제는 하나님의 형상의 교리에 입각한 기독교적 인간관의 요체라고 할 수 있다.

인간과 과학 기술

필자는 앞에서 과학 기술의 주제를 다루면서 두 가지 대조적 입장인 낙관적 견해와 비관적 견해를 소개했다. 그러나 그런 입장들에 대한 필자 자신의 평가는 뒤로 유보했는데, 그 이유는 하나님의 형상 교리에 입각한 기독교적 인간관을 소개함으로써 균형 잡힌 과학 기술관을 확립할 수 있을 것이기 때문이었다.

우리가 인간을 하나님의 형상과 연관시킬 때 다섯 가지 중요한 명제가 도출된다는 것도 이미 언급한 바 있다. 그런데 그 가운데 두 가지 명제가 과학 기술관의 확립과 관련해 적실한 원리 노릇을 하게 될 것이다.

명제 1: 인간은 하나님에 의해 피조된 존재로서, 하나님의 주권과 다
　　　　스림 가운데 머물러 있어야 한다.
명제 2: 인간은 하나님의 위임을 받은 피조계 전체의 청지기이다

이제 우리는 다시 기술의 문제로 돌아가게 되었다. '기술'

이란 "(다른 것과 구별되는) 인간의 독특한 문화 활동으로서, 인간이 실용적인 목적이나 목표를 위해 도구와 절차(procedures)의 도움을 받아 자연 창조계(natural creation)를 형성하고 변형시킴으로써 하나님에 대한 응답 가운데 자유와 책임을 행사하는 일"[강조는 필자의 것]이다. 필자는 여기에서 기술이 근본적으로 인간의 문화 활동임을 강조하고자 한다. 문화란 "사상, 언어, 행동 및 인공품(artifacts)을 포함하고, 인간이 가진 지식 습득 능력 및 후대에 대한 전달 능력에 의존하는 인간 행위의 통합적 패턴(integrated pattern)"이다. 문화 활동이란 결국 자연에 대한 인공적 노력의 가미인데, '기술' 역시 그러한 노력 가운데 중요한 요인이 된다.

기독교적 입장에서 볼 때 인간의 모든 문화 활동은 아담과 하와가 인류의 대표로서 받은 문화 명령(cultural mandate)—"생육하고 번성하여 땅에 충만하라 땅을 정복하라 바다의 고기와 공중의 새와 땅에 움직이는 모든 생물을 다스리라"(창1:28)—에 대한 순종으로부터 비롯된 것이다. 여기에는 '생육하고 번성하라,' '충만하라,' '정복하라,' '다스리라' 라는 사중의 명령이 들어 있다. 이것은 인간의 존재 이유와 하나님께서 의도하신 문화적 사명 사이에 긴밀한 연관이

있음을 보여 준다. 엿새 동안의 창조 행위를 통해서 하나님께
서는 아담과 하와 앞에 다양하고 풍성한 창조 세계—에덴 동
산이 그들 앞에 전개된 최초의 사명지였다(창 2:15 참조)—를
열어 놓으셨다. 이제 그들은 자신들의 문화 행위와 활동을 매
개로 하여 하나님의 창조 세계를 개현(開顯)함으로써 그 가운
데 숨겨진 가능성들을 온전히 실현시켜야 했던 것이다. 그리
하여 창조의 시초에는 인간이 전원적이고 농업 위주의 환경
가운데 세움을 입었지만, 역사의 흐름 가운데 끊임없이 문화
적 임무를 수행하여 종국에는 '새 예루살렘'으로 불리는 도
시 형태의 낙원으로 정착하게 될 것이다.

　인간이 하나님께 받은 문화 명령은 자연히 기술의 발전과
활용을 촉진시킨다. 기술은 인류의 삶에 필요악이거나 우발
적 도입물이 아니다. 그것은 하나님의 의도와 계획에 순응하
는 피조물의 신앙적 반응이다. 노리스 클라크(W. Norris
Clarke)은 이 점을 다음과 같이 천명하고 있다.

인간이 기술을 도구로 하여 꾀하는 바인, 물질을 통한 인간의 자기 발
전(self-development)과 자기 표현은, 힘과 자기 확인(self-
affirmation)을 노린 자기 중심적 욕구의 만족이 아니라, 더 고상하
고 더 거룩한 소명—창조주 하나님의 형상으로서 자신을 참되이 실현
하라는, 신부적(神賦的, God-given) 소명—의 성취로 여겨진다. 인간

의 기술적 다스림의 대상이 되어야 하는 물질 세계는, 인간이 자신의 용맹에 의해 길들인 무슨 적대적이거나 냉담한 세력으로 보아서도 안 되고 또 인간이 자신에 관한 책임 이외에는 다른 아무런 책임 의식 없이 자기 멋대로 잔혹하게 착취해도 되는 그런 대상으로도 보지 말아야 한다. (물질 세계는) 오히려 책임 의식과 청지기 의식으로 설명이 되듯, 주신 분의 의도대로 잘 사용해야 할 사랑의 선물이요 거룩한 위탁물인 것이다.

이와 같은 생각은 실상 명제 2에 나타난 대로 인간이 하나님의 청지기임을 여실히 뒷받침하고 있다.

바로 이러한 맥락에서 필자는 비관적 과학 기술관의 부당성을 지적하는 바이다. 무엇보다도 먼저, 엘륄은 현대의 기술 사회가 보여 주는 끔찍한 모습과 현상에 너무 마음이 압도되는 바람에, 인간 기술의 근저를 이루고 있는 하나님 말씀의 창조적 능력을 도외시한 것이 아닌가 한다. 뿐만 아니라 그는 타락 이전의 낙원을 설명하면서, 하나님의 형상에 대한 인식이나 언급이 전혀 없었고 또 그런 가르침의 시각에서 아담과 그들의 삶을 조망하지도 못했다. 이것이 그의 창세기 첫 장들의 해석에 결정적인 결함을 남긴 것 같다.

그러나 그렇다고 하여 필자가 낙관적 과학 기술관의 입장에 머무르고자 하지는 않는다. 문화 명령에 입각해서 기술이 하나님의 의중에 있었다는 주장과, 그렇기 때문에 모든 기술의 발전은 신적 재가를 받은 것이나 다름없다는 치외법권적 발상 사이에는 천양지판의 차이가 있기 때문이다. 후자의 태도는 우리가 내세운 명제 1의 핵심 개념인 "하나님의 주권과 다스림"을 정면으로 거스르기 때문이다. 그러면 무엇이 과연 우리가 기술과 관련해 경계해야 할 경향들인가? 또 질문을 약간 바꾸어 본다면, "어떤 기술은 창조주 하나님의 뜻에 어긋나는 것으로 간주해야 하는가?" 하는 내용이 될 것이다. 이 시점에서 역시 필자는 현대의 기술 사회가 보이는 몇 가지 반기독교적 경향을 소개함으로써 낙관적 입장에 대해 경고적 입장을 취하고자 한다.

(i) 권력에 대한 의지(will to power): 하나님의 뜻이나 방향과 무관하게 자기 멋대로 권력을 추방함.

(ii) 합리주의 혹은 과학주의: 과학의 힘을 무제한적으로 기술에 적용하는 일.

(iii) 기술주의(technicism): 기술에 대한 믿음이 지나쳐 삶의 모든 것을 기술로 환원하려는 경향.

(iv) 이윤 동기의 절대화: 청지기 의식을 처음부터 배제시킨 채 이윤의 극대화와 물질적 번영만을 목표로 함.

(v) 정치적 세력: 정치 세력이 위의 네 항목을 점점 강화함으로써 사회 정의를 구현하기는커녕 오히려 잘못된 기술 문화를 더욱 부추김.

기술이 이상과 같은 그릇된 경향으로 흐르든지 아니면 그런 경향과 손을 잡든지 하게 되면, 인간의 기술은 하나님이 의도하신 청지기 사명의 길에서 더욱 벗어난 것이라고 보아야 한다. 사실 현대 기술 사회는 여러 면에서 그런 증상을 보여 왔고, 또 다가올 미래 사회 역시 여전히 (아니 오히려 더 심하게) 그런 점에서 몸살을 앓을 가능성이 높다. 바로 이런 이유로 인해서 필자는 낙관적 과학 기술관에 찬성의 표를 던질 수가 없다.

그렇다면 남은 길은 당연히 기존 입장들에 대한 대안으로서, 낙관적 견해와 비관적 견해를 동시에 뛰어넘는 제3의 방도를 찾는 것뿐이다. 즉 기술 자체는 문화 명령의 신실한 순종 가운데 포함되어야 하는 문화 활동의 일환으로 보되, 기술과 연관된 여러 가지 반역적 증상에 대해서는 늘 비판적 시각을 잃지 않도록 해야 한다는 말이다. 신칼뱅주의의 기치 하에 기술의 문제를 다뤄 온 스컬만(Egbert Schuurman)의 진술은 이와 같은 제3의 방도를 그대로 뒷받침하고 있다.

생명의 모든 근원은 마음—곧 모든 인간의 종교적 중심부—에서 흘러 나온다. 이것은 믿음의 근본적 선택이 그 이후의 모든 행위에 결정적 역할을 한다는 뜻이다. 따라서 그런 모든 행위는 피조계가 그 의미 가운데 개현되도록 만들라는 (하나님의) 소명에 대해 순복과 응답의 특징이든지 아니면 저항의 특징을 지니게 될 것이다.

방금 전의 내용이 기술-과학적 사고와 관련하여 의미하는 바는 이러한 사고 자체가 의미의 정합성(coherence of meaning) 가운데 포함되어 있다는 것이요, 또 제한적이기는 하지만 의미 있는 고유의 위치를 차지하고 있다는 뜻이다. 과학-기술적 사고의 방향 및 그에 수반되는 기술 발전의 방향은, 근본적으로 인류의 종교적 선택과 확신에 의하여 인도된다. 이 선택과 확신이 의미—권능(meaning-dynamis)에 대한 경청의 자세에 의해 양육된다면, 모든 기술 활동은 의미를 드러내는 데 일조할 수 있을 것이요, 또 기술-과학적 사고는 의미 있는 봉사를 할 수 있을 것이다. 그러나 기술적 사고와 활동이 처음부터 의미-권능에 대항한다면, 인류는 의미 있는 미래를 개현시키고자 하는 것처럼 흉내는 내고 있을지 모르지만 이러한 저항이 실제적으로는 의미를 봉쇄하고 감금하는 것이 된다(예를 들어, 기술적 사고의 절대화처럼 마각이 드러나면 알게 되듯이). 이렇게 되는 것은 또 인류가 기술적 발전에 대한 의미 있는 안목으로부터 후퇴해 들어가는 것이나 마찬가지이다.

4. 기독교 윤리가 주는 실마리

필자는 이 글의 첫 부분에서 미래 사회의 문제를 언급하며 세 가지 사항—생태계와 자연 환경, 유전 공학과 인간 복제, 컴퓨터와 사이버 공간—을 거론하였다. 그리고 그런 문제들이 숨겨진 근저에는 과학 기술이라는 엄청난 주제가 도사리고 있음을 밝혔다. 그렇다면, 미래 사회의 문제점들을 어느 정도 예견하고 다스리기 위해서는, 먼저 과학 기술에 대한 그리스도인의 입장부터 확립해야 한다는 결론에 이른다. 따라서 필자는, '하나님의 형상'에 관한 성경의 가르침에 입각하여 낙관적 견해도 비관적 견해도 아닌 제3의 방도—청지기적 과학 기술관—를 도출했다.

그러나 이것만으로는 미래 사회의 복지와 안녕에 걸림돌이 될 수도 있는 문제들을 충분히 다룰 수가 없다. 바로 이 시점에 기독교 윤리의 중요성이 대두된다. 기독교 윤리 자체가 무슨 마술적인 해결사가 된다든지 아니면 초자연적 효능의 만병 통치약이라고 내세우는 것은 아니지만, 어쨌든 윤리가 인간의 삶과 행위에 대한 지침이 된다는 면에서는 문제의 해결에 상당한 기여를 할 수 있을 것이라는 말이다.

기독교 윤리의 성격

기독교 윤리를 아주 간략히 정의하자면, "하나님과 이웃에 대해 인간이 얼마나 책임성 있게 행동해야 하는지를 성찰하는 일"이라고 표현할 수 있을 것이다. 그런데 기독교 윤리는 (인간 이웃에 대해서는 말할 것도 없고) 하나님에 대한 인간의 책임 있는 행위와 연관이 되므로, 다른 인본주의적 윤리 체계와 근본적으로 다른 점이 있다. 필자는 이러한 차이를 세 가지 사항으로 설명하고자 한다.

첫째, 기독교 윤리는 신명(神命) 윤리(divine command ethics)이다. 신명 윤리란 하나님께서 하신 명령이 윤리의 중심 요소가 되어 형성된 윤리 체계를 말한다. 기독교 신앙은, 객관적으로 살아 계시고 말씀하시는 하나님을 전제할 뿐만 아니라 그 말씀하신 것이 신자의 말과 삶에 무오한 표준이 된다고 주장하기 때문에, 그러한 형이상학적·인식론적 근거는 자연히 신명 윤리의 기초를 제공한 셈이 되었다.

하나님의 명령이 윤리 체계의 근간이 된다고 하여서 우리는 무분별하게 하나님의 명령 내용에 집착해서도 안 될 것이고, 또 모든 명령 내용이 저절로 윤리적 원칙이나 규범 노릇을 할 수 있는 것으로 착각해서도 안 될 것이다. 성경에 나타난 명령이지만 오늘날의 그리스도인에게는 적용이 되지 않을 수도 있고, 신적 명령의 형태를 취하지 않으면서도 윤리적으로 적실한 내용을 담을 수도 있다. 그러므로 하나님의 명령에 기초하여 올바른 윤리 체계를 형성하려면 두 단계의 과제가 요구된다. "첫째, 우리는 성경 기록의 다양한 요소를 이해할 수 있도록 해당 부분의 서술 작업(descriptive task)에 착수해야 하고, 그리고 나서는, 그러한 서술적 연구의 결과를 신학적으로 체계화시켜야 한다."

둘째, 기독교 윤리는 절대주의적 윤리(absolutist ethics)이다. 이 말은 기독교 윤리가 윤리의 절대적 표준을 전제하고 있다는 말이며, 동시에 요즈음 유행하는 윤리적 상대주의(ethical relativism)와 정면으로 충동을 일으킨다는 의미이다. 절대주의적 윤리에서 말하는 도덕적 절대 표준(moral absolutes)이란 "객관적인 도덕적 가치들로서 어떤 사람이나 문화가 사실로 믿든 말든 상관없이 모든 인간에게 실재하는 것이고 또 참된 것"을 가리킨다.

기독교 신앙이 절대주의적 윤리 표준과 함께 간다는 것은 매우 자연스럽고 타당한 일이다. 하나님이 객관적으로 살아 계시고 영원 불변한 분이시고, 그가 인간의 삶과 행위를 인도하기 위해 말씀하신 바가 진리라면, 거기에는 이미 모든 시대와 모든 문화를 초월해서 타당성을 가지고 있는 윤리적 원리와 규범과 규칙들이 포함되어 있다는 뜻이다.

윤리적 상대주의는 근본적으로 우리의 모든 윤리적 판단을 중지하도록 만들뿐만 아니라 사회 생활에서 일어나는 윤리적 갈등의 문제에 대해서도 입조차 벙긋할 수 없게 한다. 왜냐하면 모든 윤리적 가치가 상대적이라면, 히틀러와 테레사 수녀 사이에 차이가 없고, 영아 살해(infanticide)나 근친상간이나 환경 오염 등에 대해서도 악하다는 판단을 할 수가 없다는 뜻이 되기 때문이다. 심지어 윤리적 상대주의자들은 절대주의적 윤리를 내세우는 이들에 대해, 자신들의 입장을 또한 고려하고 관용으로 받아달라고 호소할 수조차 없다. 왜냐하면 그런 호소 또한 그들의 윤리적 입장이 타당하다는 전제에서 나오는 법인데, 그들의 견해에 의하면 그것조차 상대적이기 때문이다.

셋째, 기독교 윤리는 근본적으로 의무론적 윤리(deontological ethics)이다. 의무론(deontology)이란 어의 그대로 "당연히 해야 할"($\delta \varepsilon o \nu$) 바를 중심으로 한 윤리관으로서, '의무'(obligation or duty)또는 행위의 '올바름'(rightness) 등의 관념을 근본 범주로 삼고 있다. 이 윤리 체계에서는, 어떤 행위의 옳고 그름은 그 행위가 목적하는 바나 그 행위가 초래하는 결과와는 무관하게, 단지 그 행위가 의무를 구성하느냐의 여부에 달려 있는 것으로 본다.

흔히 의무론적 윤리는 목적론적 윤리(teleological ethics)나 결과론적 윤리(consequentialist ethics)와 대조되는 것으로 생각한다. 전자는 어떤 행위의 윤리적 타당성이 그 행위가 달성하고자 하는 목표($\tau \varepsilon \lambda o s$)의 달성 여부에 달려 있다는 뜻이며, 후자는 그 행위가 산출하는 결과의 좋고 나쁨에 따라 그 행위의 윤리성이 결정된다는 뜻이다. 결과론적 윤리의 대표적인 예가 바로 공리주의 윤리론(utilitarian ethics)이다.

기독교 윤리가 의무론적이라고 하여 윤리적 판단에서 결과를 고려하는 일이 전혀 없다는 말은 아니다. 어떤 경우에는 —예를 들어, 두 가지 행동 방침이 모두 그리스도인의 의무와 배치되지 않는데 양자 택일을 할 수밖에 없을 때에는— 각각의 행동이 가져올 수 있는 결과를 예상함으로써 올바른 윤리 방침을 결정해야 한다.

지금까지 필자는 기독교 윤리의 근본적인 성격 세 가지를 밝혔다. 그러나 물론 이것만으로는 우리의 삶과 행위에 대한 윤리적 판단을 하기에 충분하지 않다. 이러한 성격을 이해하는 것은 매우 초보적 단계—비록 아주 중요한 일이기는 하지만—에 불과하다. 따라서 필자는 기독교 윤리의 구체적 행동 방침과 관련하여 좀 더 포괄적인 설명을 소개하고자 한다. 다음의 삼각형을 참조하라.

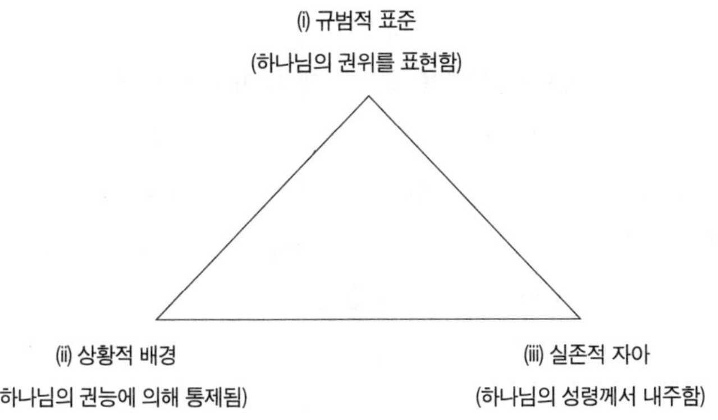

(i) 첫 번째 사항은 어떤 성경적 규범과 원리가 당면한 결정 사항에 적용될지에 대한 것이고, (ii) 두 번째는 이러한 규범이 어떻게 그 상황에서 자신이 겪는 경험 속으로 전환될 수

있는지를 의미하며, (iii) 세 번째 사항은 하나님의 규범이 자신에게 구속력을 갖는 것으로 인정하고 순종하는 것을 말한다. 이러한 틀은, 기독교 윤리에서 말하는 원리에서 시작하여 구체적인 상황 가운데 처한 그리스도인의 마땅한 실천 방안에 이르기까지 전 과정을 한 눈에 보여 준다는 이점이 있다.

미래 사회의 문제와 기독교 윤리적 처방

기독교 윤리는 그 근본 성격상 신명 윤리이기 때문에 하나님의 성문 계시인 성경을 심각하게 받아들인다. 일차적으로는 말씀에 나타난 여러 가지 가르침이 기독교적 윤리 체계의 구축에 필요한 자료를 제공하기 때문이다. 지금까지 우리는 성경으로부터 '하나님의 형상' 교리를 찾아 낼 수 있었고, 이것이 함의하는 다섯 가지 명제를 도출하게 되었다. 이제 이러한 방책들을 가지고 미래 사회에 골칫거리로 등장할 세 가지 영역—생태계와 자연 환경, 유전 공학과 인간 복제, 컴퓨터와 사이버 공간—의 문제점들을 하나씩 다루어 보도록 하자. 그러나 각각의 문제가 고유한 특성을 가지고 있으므로, 현재 우리가 갖추고 있는 것들 이외에 때때로 다른 성경적 교훈들로부터 도움을 받기도 할 것이다.

(1) 우선 생태계와 자연 환경의 문제부터 시작하도록 하자. 먼저 '하나님의 형상' 교리에서 도출한 명제들 가운데, 당면한 논점과 연관된다고 여겨지는 두 가지 사항을 제시하고자 한다.

> 명제 2: 인간은 하나님의 위임을 받은 피조계 전체의 청지기이다.
> 명제 4: 인간은 영과 육의 구성적 요소를 지닌 통전적 단일체이다.

우리가 생태계의 문제점을 생각하며 두 가지 명제를 떠올릴 때, 다음과 같이 좀 더 적실한 진술들이 마련된다.

> (i) 인간은 몸을 가진 존재로서 신체·생리적 차원에서 보면 생태계의 일부이다.
> (ii) 인간은 영적 존재로서 자연계를 초월하는 면모 또한 갖추고 있다.
> (iii) 인간은 하나님의 청지기로서 피조계를 관리하고 보전해야 한다.

이제 이러한 진술들을 염두에 두고 생태계의 문제와 관련해 제시된 몇 가지 대안들을 검토해 보자.

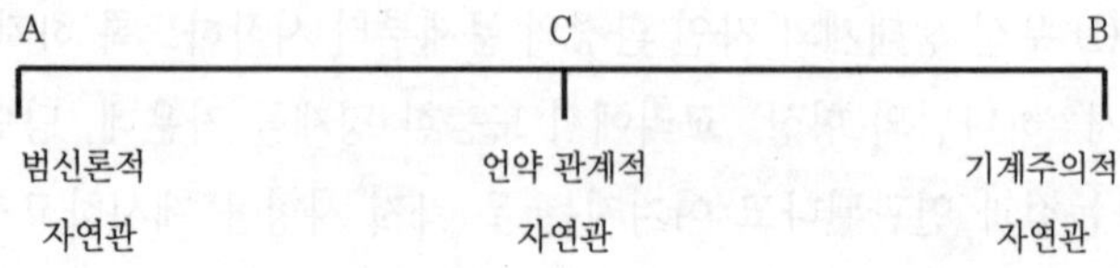

A. 범신론적 자연관(pantheistic view of nature): 범신론은 신과 우주를 존재론적으로 동일시하는 신관이다. 이 입장에 의하면, 신은 존재하는 모든 것의 총화이므로 신과 자연은 같은 사물을 지칭하는 서로 다른 표현에 지나지 않는다. 또 인간은 자연의 일부로서, 함께 신의 존재를 구성하는 요소가 된다.

최근에는 뉴에이지 운동이 대두하면서 범신론적 자연관이 대중화되었다. 어떤 이들은 뉴에이지의 환경 보호 운동을 심층 생태학(deep ecology)이라고 불렀는데, 이들의 자연관은 범신론과 같아서 "인간과 비인간의 영역 사이에는 실상 아무런 구분이 없다"는 것이었다. 또 가이아(Gaia) 가설을 이용하여 자신들이 범신론적 입지를 더욱 강화시키기도 했다.

기독교 신앙의 입장에서 볼 때 범신론적 자연관이 일말의 진리조차 담고 있지 않다고는 말할 수 없다. 인간이 몸을 가진 존재이고, 그 몸은 신체적·생리적 작용 가운데 유지되고 있음을 생각할 때, 생태계의 다른 피조물들과 같은 삶을 나누고 있다고 해야 할 것이다. 그러나 바로 그 점에서 범신론적 자연관의 한계와 오류 또한 명백히 드러난다. 인간은 동시에 자연을 초월하는 존재이며 하나님으로부터 안목에 대한 청지기적 사명을 받은 존재이기 때문이다. 종합하자면, 범신론적 자연관은 앞에서 제시한 진술 가운데 (i)은 충족시키되, (ii)와 (iii)의 내용과는 너무나 거리가 먼 입장이라고 하겠다.

B. 기계주의적 자연관(mechanistic view of nature): 기계주의적 자연관은 17세기에 등장한 데카르트(Ren Descartes, 1596~1650)의 기계론적 사유 방식에 힘입은 것이다.

데카르트는 자연 자체가 그 성격상 기계론적이라고 주장했다 … 데카르트에게는 자라나는 나무나 움직이는 시계나 어떤 점에서 보든 똑같은 대상이었다. 그는 자연 피조물을 하나의 기계로 보았는데, 그것을 구성하는 일이나 재구성하는 일 또한 (원칙상으로는) 연역적 사고의 지배를 받는 것이었다 … 이러한 자연관에서는 생동감, 내적 자발성 그리고 목적성이 철저히 배제되었다.

인간은 자유롭고 의식이 있으며 이성적인 행위자인 반면, 자연은 반대로 물질적이고 결정론적이고 기계론적인 대상에 불과했으므로, 인간은 자신의 목적을 위하여 얼마든지 자연 대상을 조작하고 이용할 수 있게 되었다. 자연을 착취하고 남용할 수 있는 이론적 근거와 실제적 원동력은 실상 이러한 기계주의적 자연관으로부터 비롯된 것이다.

기계론적 자연관은 앞에 소개된 진술 가운데 (i)과 (ii)를 모두 인정하는 것으로 보인다. 그러나 (ii)의 면에서 극단적으로 나아가 인간―자연 이분법을 고착화하고 말았다. 그리하여 (iii)의 진술을 제대로 실현하지 못한 채, 결국 오늘날의 생태 위기를 재촉했던 것이다.

C. 언약 관계적 자연관(covenant view of nature): 기독교의 자연관은 창조, 타락, 구속의 파노라마와 맥을 같이 한다고 볼 수 있다. 우선 창조 때부터 자연계―인간을 제외하고라도―는 그 자체로 하나님 앞에서 가치를 가지고 있었으니, 이는 하나님께서 인간을 창조하시기 전에 앞서 창조하신 만물에 대해 '좋다'고 평가하셨기(창 1:4, 10, 12, 18, 21, 25) 때문이다. 또 인간을 지으시고 나서 '심히 좋았다'고 했을 때에도, 그 대상은 '지으신 모든 것'(창 1:31)으로서 인간 이외

의 모든 피조 세계까지 포함됨을 알 수 있다.

피조계에 대한 하나님의 관심과 배려는 계속되는 하나님의 섭리에서 나타난다. 특히 하나님께서는 놀랍게도 이 피조계와 더불어 언약을 맺으셨다.

> 하나님이 노아와 그와 함께한 아들들에게 일러 가라사대 내가 내 언약을 너희와 너희 족속과 너희와 함께 한 모든 생물 곧 너희와 함께한 새와 육축과 땅의 모든 생물에게 세우리니 방주에서 나온 모든 것 곧 땅의 모든 짐승에게니라. 내가 너희와 언약을 세우리니 다시는 모든 생물을 홍수로 멸하지 아니할 것이라. 땅을 침몰할 홍수가 다시 있지 아니하리라.(창 9:8~11)

이것은 노아 당시 맺은 언약이지만 먼 후일 선지자의 사상에서도 여전히 반영되고 있다(참조. 렘 33:20~21, 25~26). 바로 그런 언약 때문에 하나님께서는 인간에게 유익이 되느냐와 상관없이 다른 하등 동물에 대해서도 은혜의 섭리를 베푸신다(시 104:10~13, 16~22, 25~30; 145:9; 147:8~9; 148:3~10; 마 6:26, 28~30; 10:29).

뿐만 아니라 모든 피조물은 종말론적 구속의 완성에 참여하게 될 것이다. 이 또한 하나님의 사랑과 은혜의 증거이니, 피조계는 하나님에 의해 멸절되든지 단절되지 않고 새 하늘과 새 땅의 소망에 참여하게 되기 때문이다(참고. 사 11:6-9; 65:25; 롬 8:19~22; 골 1:15~20).

그런데 하나님께서는 피조계를 다스리시면서 있어 항시 직접적으로 일하시는 것은 아니고 인간을 자기와 비슷하게 만드셔서 대행자로 삼으셨다. 따라서 인간은 피조계를 다스리되 항시 자기 자신이 하나님의 다스림 밑에 있는 존재임을 의식해야 했으며, 하나님의 의도와 목적에 맞게 피조계를 다스리고 보전해야 했던 것이다. 이것이 바로 하나님 형상의 의미이며 청지기적 직분의 요체인 것이다.

(2) 기독교 윤리의 지침은 유전 공학과 인간 복제의 문제에 대해서도 의미심장한 제안을 해 준다. 이 문제와 연관해서는 "하나님의 형상"으로부터 도출한 다섯 가지 명제 중의 두 가지가 적실하리라 여겨진다.

> 명제 1: 인간은 하나님에 의해 피조된 존재로서, 하나님의 주권과 다스림 가운데 머물러 있어야 한다.
> 명제 2: 인간은 하나님의 위임을 받은 피조계 전체의 청지기이다.

필자는 여기에서 유전 공학의 제문제를 다루기보다도 인간 복제에 관해서만 언급하고자 한다. 아직 인간 복제가 이루어지지 않은 이상, 그 복제 대상의 실현과 관련하여 다음과 같은 몇 가지 가능성을 상정해 볼 수 있을 것이다.

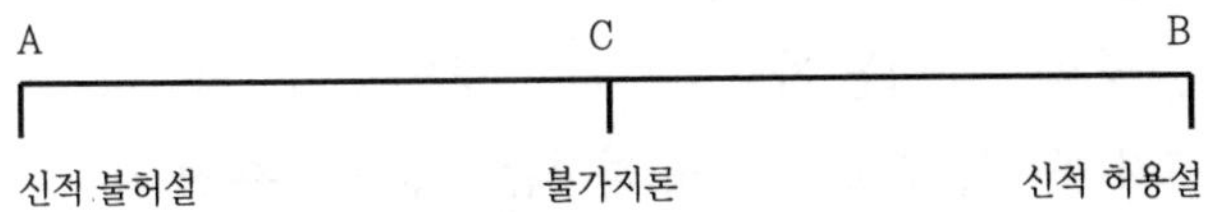

A. 신적 불허설(Divine Interruption): 이 입장은 하나님께서 인간 복제를 허용하시지 않을 것이라는 주장에 기초하고 있다. 하나님께서는 과학 기술이 아무리 발달하고 유전자 조작술이 아무리 높은 수준에 이른다 해도 결코 인간 복제를 성사시키지 않을 것이라고 한다. 왜냐하면 인간 복제는 하나님의 창조 질서에 대한 도전이고 따라서 하나님에 대한 도전인 고로, 하나님께서는 결코 좌시만 하고 계시지 않을 것이기 때문이다. 마치 바벨탑을 쌓아 올리려고 시도했다가 중간에 하나님의 개입으로 좌절되어 버린 것과 마찬가지로, 인간을 복제하려는 노력은 결코 성사되지 못할 것이라고 한다.

B. 불가지론(Suspended Judgment): 여기에서 말하는 '불가지론'이란 흔히 이해하는 바처럼 하나님의 존재에 대한 것이 아니다. 단지 하나님께서 인간의 복제를 허락하신다고 해도 복제된 인간에게 영혼을 허락하실지 하지 않으실지 판

단하기가 어렵다는 입장이다.

그런데 이러한 불가지론에도 두 종류가 있을 수 있다. 하나는 영혼이 부여될 가능성이 낮은 것으로 여기되 확신을 표명하지 못하는 입장이요, 또 하나는 영혼이 부여될 가능성은 상당히 높다고 생각하되 확신을 표명하지 못하는 입장이다. 전자를 저가능성 불가지론이라 하고, 후자는 고가능성 불가지론이라고 부를 예정이다.

그런데 이러한 두 가지 종류의 불가지론은 영혼의 기원에 관한 신학적 입장과 맞물려 있다. 기독 교회는 인간의 영혼 기원에 대해서 크게 두 가지 서로 다른 입장을 취해 왔다. 일반적으로 개혁파에서는 창조설(creationism)을 지지했고 루터파에서는 유전설(traducianism)을 주창해 왔다. 창조설은, 인간의 몸이야 그 부모를 통해서 주어지지만 개인의 영혼만큼은 하나님께서 일일이 창조하시는 것이라고 가르친다. 반면 유전설의 경우에는 몸과 영혼이 모두 부모의 매개를 통하여 주어진다고 본다. 창조설을 지지하는 이들의 입장에서 보면, 혹시 생물적·의학적 노력을 통해 몸이 복제되었다 할지라도, 그것이 자동적으로 영혼의 창조와 분여를 보장하지는 않는다. 만일 하나님께서 원하시지 않으면 —예를 들어 인간 복제를 신적 도전으로 여기기 때문에 심판을 하시기 위해— 복제된 몸에 영혼을 부여하지 않을 수도 있다는 말이다. 그러나 유전설의 경우는 다르다. 하나님께서 일단 부모의 매개를 통해 인간의 영혼을 유전시키기로 정한 이상, 인간의 몸이 만들어질 때마다 일일이 간섭하시지 않듯 마찬가지로 인간의 영혼이 만들어질 때도 일일이 간섭하지 않으신다. 따라서 인간이 복제에 의해 몸을 만들고 그렇게 함과 동시에 영혼이 존재하게 될 때, 창조설의 경우보다는 훨씬 하나님의 간섭이나 제재가 적다는 뜻이 된다. 따라서 전자는 영혼의 부여라는 각도에서 볼 때 비교적 가능성이 낮으므로 저가능성 불가지론이라 한 것이고, 후자는 좀 더 가능성이 높으므로 고가능성 불가지론이라 한 것이다.

C. 신적 허용설(Divine Permission): 이 입장은 매우 낙관적인 성격의 것으로서 첫 번째와 정반대의 위치를 점유하고 있다. 인간은 머지 않아 인간 복제를 성공시킬 것이며, 또 인간이 생물학적으로 어떤 대상을 복제할 때마다 하나님께서는 그 복제된 대상에게 영혼을 허용하실 것이라고 본다. 즉 복제에 의해 태어난 인간에게도 자연 출생한 존재와 똑같이 개인적인 영혼이 부여될 것이라는 생각이다. 이 이론의 지지자들은 하나님께서는 보통 자연 질서를 통하여, 또 자연 질서

의 범주 내에서 일하신다는 점을 내세우고 있다. 사실 체세포 복제의 경우라 해도, 인간이 체세포 자체를 창출하는 것이 아니고 이미 존재해 있는 생명의 담지체(擔持體)를 이용하는 것에 불과하므로, 이는 어디까지나 자연 질서 내에서 하는 활동—이 경우 무성 생식이냐 유성 생식이냐 하는 것은 별로 중요하지 않다—이라고 할 수 있다는 것이다. 따라서 다른 여러 경우—유전자 조작과 배합, 인공 수정, 대리모 수정, IVF 등—에도 하나님이 역사하셨는데, 왜 유독 체세포를 이용한 조작 시에만 자신의 섭리를 거두시겠느냐고 반문을 던진다.

이제 위에 열거한 세 가지 입장을 종합적으로 평가해 보자. 먼저 신적 불허설(A 입장)에 의하면 인간 복제 자체가 과학적으로조차 성사되지 않는 것이니만큼 인간 복제 이후에 생기는 윤리적 문제 또한 생각할 필요가 없다. 불가능성이 입증될 경우, 이는 분명 하나님의 심판으로—아니면 다음에 묘사할 입장과 비교해 볼 때 오히려 은혜로—간주할 수 있을 것이다. 불가지론 (B 입장)에 의하면, 몸은 정상적으로 갖추었으되 영혼은 없는 기괴한 인간의 출현 가능성을 낳는다. 만일 이런 일이 일어난다면, 이것은 신적 불허설보다 훨씬 더 큰 심판의 징조로 여겨야 할 것이다. 신체상으로는 인간과 하등의 차이가 없으므로 인간 같으나, 영혼을 갖추지 못함으로 말미암아 짐승으로 분류될 수밖에 없는 별종이 출현한 것이기 때문이다. 그러나 가장 가능성이 높은 것은 신적 허용설(C 입장)일 것이다. 즉 복제 기술에 의해 태어난 인간도, 정상 분만이나 다른 유전 공학적 도움을 얻어 출생한 존재와 똑같이 영과 육을 갖출 것이라는 생각이다. 이제 필자는 신적 허용설을 전제로 하여 인간 복제와 연관된 윤리적 문제를 논의하고자 한다.

인간 복제에는 적어도 다음과 같은 다섯 가지 윤리적 문제가 따른다. 이 가운데 첫째 항목은 인간 복제의 행위 그 자체가 갖는 문제점이요, 나머지 네 가지는 복제 행위의 전후에 수반되는 문제점들이다. 첫째, 무엇보다도 먼저, 인간 복제는 인간이 하나님의 주권하에 있는 청지기라는 사실(명제 1 및 2)에 도전하는 행위이다. 다시 말해서, 이것은 우리 자신이 마치 창조주인 것처럼 행동하는 일이다. 램지(Paul Ramsay)는 벌써 오래 전이지만 인간 복제가 하나님에 맞서는 교만 행위임을 경고했다.

우리가 목격한 바, 수평적 차원의 윤리적 위배 행위(강제적 번식이나 변식의 회피, 개인이나 불상사를 당한 존재에 대한 권리 침해, 친자 관계(parenthood)의 본질을 침해함)는 실상 수직적 차원에서 일어나는 더 근본적인 현상, 곧 오만(hubris) 그리고 "하나님인 체하는 것"(playing God)과 상관 관계에 있다[강조는 원저자의 것].

둘째, 하나의 인간 복제가 성공하기까지 수많은 배아에 대한 연구와 실험이 있어야 하는데, 이것 자체가 큰 윤리적 문제를 일으킨다. 돌리 한 마리를 탄생시키는 데 277회의 시도가 있었다고 하는데, 이것을 인간의 경우로 바꾸어서 말하자면 276개의 배아—또 276명의 생명이라고도 할 수 있다!—를 희생해야 한다는 뜻이 된다.

셋째, 인간 복제는 복제된 대상에게 정체감(sense of identity)의 문제를 일으킨다. 이 말이, 원본 인간과 복제 인간이 동일 인물이기 때문에 개체성(individuality)조차 확립이 안 된다는 뜻은 아니다. 둘 사이의 관계는 어떤 의미에서 일란성 쌍생아와 같다. 그러나 복제 인간은 심리적인 의미에서 정체 위기를 겪을 수 있다. 그는 용모, 능력, 성격 등에서 항시 원본 인물과 비교된다. 그는 평생 자신의 복제를 성사시킨 인물들이 거는 기대감의 족쇄에 묶여 지내야 할지도 모른다.

넷째, 인간 복제는 전통적인 가족 관계를 완전히 혼란 속에 빠뜨린다. 정상적인 가족의 경우 부모와 자녀의 관계는 확정적이고 불변하게 마련이다. 그런데 만일 아버지가 핵 제공자가 되어 자녀를 낳았다면, 원본 인간(O)과 복제 인간(C) 사이의 관계는 혼란스럽기 짝이 없다. O는 C의 아버지인가? 아니면 쌍둥이인가? 이런 문제들은 복제를 위한 핵의 제공자가 누구냐에 따라 더 확대될 수 있다. 자신의 후손이 동시에 자신의 쌍둥이이기 때문에, 할아버지, 아주머니, 사촌, 여동생 등 모든 관계들은 일대 혼란에 빠진다. 이것은 어느 한 가족과 친척만의 문제가 아니고 한 사회의 문제로 확장될 것이며, 이로 인해 친척 관계(kinship), 자녀에 대한 책임 등 모든 면에 격변을 초래할 것이다.

다섯째, 끝으로 인간 복제는 인간의 상품화를 불러일으켜 개인의 존엄성을 침해하고 사회적 부도덕성을 부추긴다. 인간 복제가 처음에는 유전병의 치료, 장기 이식 등 인간애적인 목적을 위하여 도입되겠지만, 머지 않아 제품화의 길을 걷게 된다. 인간의 타락한 심성은 인간을 수단화하여 개인의 호기심 충족, 이윤 추구, 노동 자원 확보, 우생학적 망상, 고등한 범죄 행위 등에 충당하고야 말 것이기 때문이다.

인간 복제는 그 자체로 보든지 복제술이 초래할 영향의 면에서 보든지, 반드시 금지되어야 할 새 천년의 '선악(善惡)나무'인 것이다.

(3) 끝으로 컴퓨터와 사이버 공간의 문제를 다루도록 하자. 역시 전과 같이, "하나님의 형상" 교리에서 도출한 명제들 가운데 현재의 주제와 적실히 연관된다고 여겨지는 항목들을 소개하고자 한다.

> 명제 3: 인간은 다른 피조물과 달리 정신적이고 영적인 특질을 가진 존재이다.
> 명제 4: 인간은 영과 육의 구성적 요소를 지닌 통전적 단일체이다.
> 명제 5: 인간은 다른 인간과 맺는 교제 및 교류 가운데 하나의 공동체 를 이루며 살아가게끔 되어 있다.

필자는 이 글의 첫 앞 "미래 사회의 문제점"에서 사이버 공간이 주는 폐해를 네 가지 항목으로 제시한 적이 있다. 그 중에서도 심각성이 큰 문제 두 가지—심리적·사회적 불안정 및 자아 정체감의 위기—를 꺼내어 기독교 윤리적 처방을 내리고자 한다. 그런데 필자 생각에는 두 번째 문제—자아 정체감의 위기—가 더 근본이기도 하고, 또 이 문제를 다루다 보면 첫 번째 문제—심리적·사회적 불안정—까지도 건드리게 되므로, 주로 자아 정체감의 위기에 대해서 논하려고 한다.

사이버 공간에 참여하는 것이 정체성의 위기를 초래하는 이유는 무엇일까? 이것은 건강한 자아의 삶이 어떻게 이루어지는지 살펴봄으로써 답변할 수 있을 것이다. 자아가 건강하려면 최소한 다음의 세 가지 항목이 마련되어야 한다. 이것은 위에 제시한 명제 3, 4, 5를 종합적으로 고려할 때 산출된 것이다.

> (i) 계발(development): 자아는 자신을 자극하고, 깨닫게 하고, 양육하며, 실현시킬 그런 활동이 있어야 한다.
> (ii) 교류(intercourse): 자아는 자신과 같은 동류와 더불어 만나고, 사귀고, 의사를 소통하며, 또 상대에 의해 영향을 받기도 해야 한다.
> (iii) 성찰(reflection): 자아는 자기 스스로를 객관화시키며 다른 이의 관점과 시각에서 자신을 되비추어 볼 수 있어야 한다.

첫 항목 계발은 지속적인 성숙과 자기 발전을 위해 꼭 필요한 일이다. 이를 통해 은사 활용이나 잠재력의 극대화가 가능해지고 (참조. 마 25:15~17; 벧전 4:10), 건전한 의미에서 자기 성취와 만족을 맛볼 수 있다(시 4:7; 행 14:17). 두 번째 등장하는 교류란 우리의 몸과 마음, 또는 전인격이 다른 사람들과 관계를 맺고 교제를 나누는 것이다. 역설적으로 들릴지 모르지만, 자아는 타인과 맺는 관계에서만 그 참 모습이 다듬어지고 총체적인 기능을 제대로 수행할 수 있다(참조. 눅 2:52; 히 2:11~12).

자아의 건강에 필수적인 세 번째 항목은 성찰이다. 이것은 자기가 자신을 살피고 돌아보고 평가하는 영적 차원의 자기 반사적(self-reflexive) 기능에 관한 것이다. 어떤 이는 이것을 자의식(self-consciousness)이라고도 부르는데, 이는 자아가 주체와 동시에 객체가 되는 일이다. "내가 나 자신을 의식할 때, 객체는 나의 마음과 동일한 실체(entity)인 것이다." 그런데 인간이 이렇게 자아를 객체화할 수 있는 것은 자신을 다른 이의 안목에서 볼 수 있는 관점적 이해(perspectival understanding)가 가능하기 때문이다. 우리는 자신을 다른 이의 관점과 시각에서 보기도 하고(참조. 민 13:33; 마 16:15), 또 무엇보다도 하나님의 관점과 심정에서 볼 수 있어야 한다(참조. 시 139:23~24; 잠 16:2).

그런데 사이버 공간에 참여하는 이들 가운데 병적 집착자들은 위의 세 가지 항목 가운데에서 지나칠 정도로 (ii) 교류를 무시하고 (i) 계발―그것도 계발 가운데 주로 "자극"의 측면―에만 몰두함으로써, 진정한 의미의 (iii) 성찰이 불가능하게 되었다. 필자는 사이버 공간 자체를 죄악시하거나 사이버 공간 참여를 부정적 시각에서 보는 것은 아니다. 우리는 사이버 공간에 참여함으로써 어느 정도 흥분과 자극도 받고 대리 경험도 가지고 일상의 무료함으로부터 벗어나 기분 전환을 시도할 수도 있다. 그러나 위에서 지적했듯 세 가지 항목 사이에 불균형이나 극단적 집착이 찾아올 경우 자아 정체의 위기를 맞는다는 것이다.

사이버 공간은 우리를 다음과 같이 매우 교묘히 속일 수 있다. 우선, 사이버 공간을 통해 지속적으로 '자극'을 받으면서 자신이 (i) 계발에 참여하고 있다고 ─실은 자극뿐 아니라 다른 여러 작용들도 경험해야만 진정한 의미에서 계발을 하는 것이라고 말할 수 있다─ 거짓 위로를 받을 수 있다. 또 그 공간에서 다른 이들과 (ii) 교류하고 있다는 망상에 빠지게 마련이다. 심지어 그는 자신에 대한 (iii) 성찰까지도 실행하고 있다고 생각할지 모른다. 만일 이런 항목들에 대한 경험이 전혀 없다고 생각하면 자신의 부족을 인정하기 때문에 차라리 나을 것이다. 그러나 그는 이런 것과 관련해 자신이 바람직한 실행을 하고 있다는 식의 자기 기만(self-deception)에 빠져 있으므로 문제가 심각하다. 이 모든 복합적 인식과 경험을 통해 그는 자신을 파편화하고 다원화함으로써, 어떤 면에서는 자기 스스로가 부과한 다중 인격(multiple personality)의 증상을 겪는 것이다.

사이버 공간의 중독자에게는 다른 길이 없다. 가장 중요한 것은 (ii) 교류의 면에서 다른 이들──살과 피를 가진 이웃들──을 현실의 세계에서 만나야 한다. 특히 그리스도인의 입

장에서 볼 때 다음의 제안은 매우 지혜롭고 적실한 조언이라
고 여겨진다.

그리스도의 성육신은 … 그리스도인의 제자도에 대한 관계와 의사 소
통의 패턴을 세밀히 제시하기도 한다 … 그리스도인의 삶과 사역은,
그리스도인의 몸[즉 교회]이 다른 신자들 및 불신 세계와 더불어 몸으
로 함께하는 친교와 인격적 참여를 즐긴다는 면에서, 성육신적이 되
어야 한다. 이런 식으로 해서 그리스도의 실재하심은 우리의 신체적
현존을 통해 어떤 의미에서 '육화(肉化)' 될 수 있는 것이다.

그러므로 사이버 공간 참여는, 항시 시공간의 실제 세상
속에서 영육을 가진 우리의 이웃들과 함께 교류하는 맥락에
서만 이뤄져야 할 것이다. 그럴 때에야 비로소 우리는 사이버
공간의 노예와 유령으로 전락하지 않을 수 있을 것이다.

그리스도인의 윤리 의식: 지식, 가치, 행동

지금까지 우리는 미래 사회의 문제점을 세 가지 영역—생
태계와 자연 환경, 유전 공학과 인간 복제, 컴퓨터와 사이버
공간—으로 나누어 살펴보았고, 그에 대한 근본 대책은 기독
교적 과학 기술관의 정립 및 '하나님의 형상' 교리에 대한 이

해임을 설명했다. 그리고 나서 기독교 윤리에 입각한 처방을 시도했는데, 이는 무엇보다도 '하나님의 형상 교리(및 기타 진술들)에 기초해서 이루어졌다.

이제 필자는 이 강좌의 막바지에 다다랐다. 그런데 만일 필자가 여기에서 강좌를 마친다면 기독교 '윤리'의 운운은 형식적인 처사가 되고 말 것이다. 기독교 윤리는 근본적으로 교리와 실천 사이에서 다리 노릇을 해야 할 뿐만 아니라, 교리와 실천 양자를 함께 다루는 것이기도 하다. 그런데 기독교 윤리에서 제시하는 성경적 권면 사항이나 방안은 소위 하나님의 교훈적 의지(preceptive will of God)에 속한다. 하나님의 교훈적 의지를 이루는 데는, 우리가 하나님의 뜻이 무엇인지도 알아야 하지만, 한 걸음 더 나아가 우리 편에서 하는 순종이 그러한 뜻 성취의 필수적 요소로 등장한다.

성경 원리로부터 실천까지 이르는 데는 3단계를 거쳐야 한다. 첫째는 성경의 원리(다른 말로는 윤리적 지침)를 아는 일이요, 둘째, 그것을 귀하게 여겨서 내면화할 수 있어야 하며, 셋째, 그리고 나서야 실천적 행동으로 옮기기가 용이해질 것이다. 이러한 3단계적 과정이 부드럽게 이어지도록 돕기 위하여, 다음의 사항들을 제시하는 바이다.

가. 오해와 편견의 불식

우선 이번 글과 같은 내용을 읽으면서도, 한편으로는 도움을 받되 또 한편으로는 미심쩍은 눈길을 보낼 수도 있다. 그렇게 되는 네 가지 이유를 열거하고 각각에 대해 답변을 시도하고자 한다.

(i) "잘못된 신학 풍토에 감염될까 두렵다."

이 생각은, 이번에 다룬 여러 주제들—생태학, 유전 공학, 컴퓨터, 과학 기술 등—이 평소에 우리가 접하던 신앙적 내용과 상당히 다르므로, 혹시 이런 것들이 '자유주의 신학'이나 '인본주의 신학' 혹은 '신신학'의 잔재가 아닌지 염려하는 태도에서 비롯된 것이다. 그러나 이런 염려와 걱정은 전혀 사실 무근이다. 지금까지 언급된 주제들은 모두 보수주의적 성경관과 개혁신학의 전통에 입각하여 다루어졌다.

(ii) "영혼 구원의 노력을 약화 시킨다."

이 글에서 다룬 내용들이 유익하고 필요할지는 모르지만, 영혼 구원이라는 사명의 우선 순위를 약화시킬 수 있기 때문에 기꺼이 받아들일 수 없다는 입장이다. 그러나 복음 전파와 문화 명령은 우리의 양대 사명으로서 "이것도 행하고 저것도

버리지 말아야 할 것이다"(마 23:23). 이번에 다룬 내용을 내면화하여 영혼 구원에 진력하는 것과 그렇지 않은 것의 사이는, 그 사역의 질과 내용에서 하늘과 땅의 차이일 것이다.

(iii) "현재의 교회 사역이 꽉 차 있어서 이런 문제에 대해 더 이상 신경을 쓸 여유가 없다."

이것은 주로 목회자 편에서 갖는 부담으로서 (ii)의 생각과 유사하다. 그러므로 (ii)에서 답변한 것과 비슷한 내용이 여기에도 해당된다고 본다. 만일 우리의 교회 사역과 프로그램이 이 강좌에서 다룬 것과 어떤 식으로든 연관이 되지 않는다면, 사역과 프로그램의 내용을 점진적으로라도 바꿀 필요가 있다. 목회자가 이 글에서 다룬 내용에 익숙해 있을 때, 성도의 삶과 사역에 직접·간접으로 끼치는 영향은 지대할 것이다.

(iv) "교회 부흥에 도움이 되지 않는다."

역시 목회자들이 곧잘 보이는 반응이다. 우선 우리는 교회 부흥의 내용을 무엇으로 규정하고 있는지부터 재고해야 한다. 교회 부흥을 양적 성장과 외형적 실적의 면에서만 생각한다면, 아마도 위의 반응은 꽤 일리가 있다고 본다. 그러나 교회 부흥의 또 다른 측면은 성도 개개인의 영적·신앙적 성숙과 기독교적 가치관의 내면화이다. 부흥을 후자의 각도에서 조망한다면, 오늘 다룬 바는 반드시 성도 개개인의 신앙과 교회의 공적 가르침에 반영되어야 할 것이다. 또 교회 부흥의 양적·질적 측면, 외형적·내면적 양상은 목회자의 융통성과 역량에 따라 얼마든지 조화될 수 있으므로, 자기가 놓은 흑백 논리의 덫에 스스로 걸려들지 않도록 할 필요가 있다.

(2) 내면화를 위한 방안

자, 이제 우리 그리스도인과 목회자가 모두 오해와 편견을 불식하고서 마음을 활짝 열었다고 하자. 기독교 윤리적 교훈을 받아들이고자 할 때 어떤 방안이 구체적인 도움을 줄 수 있겠는가? 세 가지 항목으로 정리해 보았다.

(i) 그리스도인 개인의 신앙적 탈바꿈

우선은 우리 모든 그리스도인들이 종래 전통적으로 유지해 오던 신앙의 패턴을 재점검하고 틀(Paradigm)의 변화를 촉구할 필요가 있다. 두 가지 사항이 적실할 것이다.

첫째, 많은 그리스도인들은 신앙의 영역을 기껏해야 자신과 가족과 자신의 교회 정도로 한정하고 지낸다. 그들의 신앙은 소위 "영적" 측면에 국한된다. 이런 마음 자세로서는, 미래 사회를 이야기하고 과학 기술과 하나님의 형상에 대해 들었다고 해도 별 큰 영향을 받지 않는다.

그렇기 때문에 무엇보다도 먼저 우리가 믿고 아는 그리스도께서 어떤 분인지 다시 한 번 점검할 필요가 있다. 골 1:15~20에서 말하는 주님은 만물―하나님 이외의 존재하는 모든 것들―의 창조주(Creator)요, 유지주(Sustainer)요, 화목주(Reconciliator)이시다. 우리가 주로 모셔들인 주님(참조. 골 2:7)은 바로 이런 크신 분이시다. 이런 분을 주(主)로 모셨기 때문에 우리의 신앙적 안목과 전망도 만물까지 포함해야 한다.

둘째, 예수 그리스도를 만물의 주인으로 받아들이는 일은 우리의 일상적 삶에도 실제적인 영향을 미쳐야 한다. 우리는 보통 주일 하루, 교회당 내에서 보내는 시간, 또 가정이나 일터에서 드리는 예배 등에 대해서만 하나님의 다스림과 임재를 연관시킨다. 그러나 그리스도께서 존재하는 모든 것의 주인이시라면 이런 면에서도 변화가 있어야 한다. 그리스도께서 만유의 주인으로서 우리를 다스리시는 것은 주일뿐만 아니라 나머지 모든 요일들에서 그러하고, 교회당에서뿐만 아니라 교회당 밖의 모든 일상적 영역에서 그러하고, 소위 '영적' 활동—QT, 예배, 성경 공부, 기도회 등—에 연관해서만이 아니라 평범한 삶의 현장—복잡한 거리, 직장 한복판, 정치권, 오락실, 행정관 사무실, 안보 회의, 백화점과 병원 등—과 연관해서도 그러하다.

(ii)   목회자의 의식 전환

우리 나라 교회의 실정에서 볼 때 위에서 이야기한 그리스도인들의 신앙적 탈바꿈은, 목회자 편에서 의식 전환이 전제되지 않을 때 거의 불가능하다. 따라서 목회자 편에서부터 먼저 예수 그리스도를 우주적 주인으로 모셔야 하고, 또 목회자 편에서부터 먼저 삶의 모든 영역에서 하나님의 주권적 다스림에 순복해야 한다. 만일 목회자 편에서 이런 면에 충분히 자각과 인식이 되었을 경우, 그리스도인들로 하여금 교회당 안의 활동뿐만이 아니고 세상 속의 삶을 중요시하도록 교육시킬 필요가 있다. 필자는 이와 관련하여 두 가지 방면의 훈련을 언급하고자 한다.

첫째, 흩어지는 교회의 의미와 중요성을 깨닫게 하는 일이 중요하다. '교회' 하면 우리는 보통 '모이는 교회' (고전

11:18)만을 머리에 떠올린다. 그러나 동시에 '흩어지는 교회'
(참조. 요 17:18 및 20:21) 또한 '모이는 교회'에 못지 않게
―세상 속의 역할을 강조하는 면에서는 오히려 더―중요하다
고 가르쳐야 한다. 교우들을 가르치는 데는 새롭고 독특한 방
식을 도입하기보다도 이미 교우들이 익숙해져 있는 프로그램
들―주일 예배 설교, 제자 훈련 모임, 주일학교 공과 공부, 남
집사 성경 공부반 등―을 활용하는 것이 좋다.

둘째, 목회자는 평신도 지도자들을 양성하는 데 역점을 두
어야 한다. 그런데 여기에서 말하는 평신도란 우리가 흔히 이
해하는 '순장'이나 '구역장'을 의미하지 않는다. 여기에서
필자는 두 종류의 평신도 개념을 소개하고자 한다.

사항 \ 형태	유형 A	유형 B
명칭	세상 속 평신도 ("worldly" laity)	교회 내 평신도 ("churchy" laity)
주관심	교회당 밖의 세상사―직업상 경력, 상업, 교육, 정치, 가정 생활 등―에 깊은 관심.	교회당 경내를 삶의 터전으로 삼아 다양한 교회 사역―설교, 주일 학교 교육, 재정, 교회 행정 등―에 몰두함.
하나님 섬김의 통로	주로 세속의 직업을 통하여	교회 내의 여러 가지 책임 완수와 프로그램의 수행을 통하여
비율	대부분	소수

그렇다면 현재 필자가 염두에 둔 것은 유형 A의 평신도이다. 이 말이 결코 유형 B의 평신도는 불필요하다든지 혹은 무가치하다든지 하는 의미는 아니다. 단지, 세상의 삶 한 가운데에서도 예수 그리스도를 주인으로 모시고 사는 일이 가능하려면, 유형 A의 평신도들을 부지런히 양성해야 한다는 말이다.

이것은 특히 우리의 모든 사회 생활이 주님의 다스림을 받게 되기 원하고, (까딱 잘못하면 입발림으로 끝나기 쉬운 표현이기는 하지만 어쨌든) 우리가 '세상의 빛과 소금'이 되기를 원한다면, 반드시 필요한 일이다. 누가 환경 문제, 유전자 조작 식품의 관리, 교육상 컴퓨터 사용과 관련하여 기독교적 가치관과 안목을 적용할 수 있을 것인가? 바로 삶의 현장 속에서 보냄 받은 의식을 가지고 살아가는 평신도 지도자들이다! 누가 국회의 소위원회 위원장, 첨단을 달리는 유전 공학자, 과학 정책의 입안자, 환경 정책 연구소의 연구원이면서, 동시에 삶의 현장에서 그리스도의 뜻을 펼쳐 나갈 수 있겠는가? 바로 그리스도로부터 사명감을 받고 선교사적 삶을 살아가는 평신도 지도자들이다! 이런 면에서 볼 때 평신도의 양성과 연관된 목회자의 책임은 한없이 중차대하다고 할 수 있다.

(iii) 거교회적 노력

우리가 공적 삶의 영역에서 하나님의 뜻을 실천하며 살아가는 일과 또 그렇게 하도록 돕는 일은, 종종 그리스도인 개인이나 개교회 목회자의 능력을 훨씬 벗어나곤 한다. 따라서 우리는 더 넓은 신앙 공동체의 도움과 참여를 필요로 한다.

첫째, 교단 내에 신학 위원회 같은 것이 구성되어 있어서, 그리스도인의 삶이나 개교회의 목회 현장에서 발생하는 문제들과 관련하여 정기적으로 신학적·목회적 지침서를 발행하는 일이 필요하다. 그리고 그런 내용 가운데에는 반드시 이 글에서 다룬 주제들이 포함되어야 할 것이다. 또 그런 문제들에 대한 목회자 편의 창의적인 대처를 돕기 위해서, 교단 차원의 목회자 재교육도 구상해 볼 수 있을 것이다.

둘째, 여기에 또한 신학 교육의 중요성이 대두된다. 신학교의 교육 과정에는 이 시대가 당면한 논점들을 다루는 과목들이 수록되어 있어야 하고, 그 과목들은 수시로 신학생들에게 개방되어야 한다. 신학생들은 곧 미래의 목회자이니만큼 이런 면에서 미리 미리 그리고 부지런히 훈련을 받을 필요가 있다.

셋째, 교단 안팎에 전문적인 연구소의 설립도 생각해 봄직한 일이다. 교회의 대사회적 사명과 사역은 반드시 전문 인력의 확보를 필수 조건으로 하기 때문에, 불가불 연구소의 필요가 대두될 수밖에 없다. 전문 연구원은 이 기관을 통해 학문적 연구, 교육 프로그램과 자료의 공급, 문서의 발간과 보급, 목회자 재교육 및 지교회 순회 강연 등 다양한 사역을 펼칠 수 있을 것이다.

이 모든 노력은, 우리 모두가 우리의 주시요 통치자이신 예수 그리스도를 높이고, 우리 사회와 삶의 현장에서 그 분만을 왕으로 모시고자 열망하기 때문에 바치는 것이다. 이것은 과거에도 그랬고 지금도 그렇고 곧 다가올 미래에도 그럴 것이다. 21세기와 새 천년은 도전과 기회의 옷을 입은 채 벌써 우리에게 성큼 다가왔고, 이미 우리의 의식 가운데 질펀히 자리를 잡고 있다.

기독교학문연구소는?

· '기독교학문연구소'는 1984년 '기독교학문연구회'라는 이름으로 창립
된 이후, 기독교적 관점에서 제반 학문을 연구하고 교육하는 일에 봉사
해 왔습니다. 본 연구소는 학자 · 목회자 · 전문인 · 학생 등 기독지성인
들이 예수 그리스도의 이름으로 하나가 되어 한국 교회와 사회를 섬기
고자 제 학문분야를 성경적 관점에서 연구 · 교육하고 있습니다.

· '지성의 제자도'는 외침만으로 이루어질 수 없습니다. "머리와 가슴,
그리고 영혼" 모두가 그리스도에게 복종해야 합니다. 기독교학문연구
소는 이를 실행해 나가도록 기도하고, 연구하며, 나누기를 소망합니다.

신앙 고백

· 우리는 성경이 정확 무오한 하나님의 말씀임을 믿으며 (딤후3:16)
사도신경대로 신앙을 고백한다.
· 성경은 전 영역에서 하나님 말씀의 규범을 따라야 할 것을 가르치
고 있으므로 (골1:16~20) 우리는 학문 활동도 성경의 원리에 의해
수행되어야 한다고 믿는다.

목 표

학문 연구와 교육이 성경과 기독교 세계관적 관점에서 이루어지도록
아래와 같은 목표를 가진다.

· 삶과 학문에 대한 성경적 조망을 계발, 발전시킨다.
· 성경적 원리에 입각하여 제 학문을 검토, 비판하고 기독교적 학문
의 이론적 틀을 정립한다.

· 교회에 실제적으로 도움을 줄 수 있는 프로그램을 개발하여 교회
를 섬기고, 올바른 기독교적 이해의 확산을 기한다.

기본 활동 방향

· 현실 생활과 직결된 정치 · 경제 · 사회 · 윤리적 문제 등에 대해 기
독교적 관점에서 실천적 대안을 모색한다.
· 시사 문제에 대해 교회가 필요로 하는 정보와 기독교적인 분석을
제시한다.
· 세미나, 출판, 교육을 통해 연구 성과를 나눈다.
· 기독교 학문에 관련된 문헌들을 수집, 분류하여 자료센터를 운영
한다.
· 국내 및 해외 유관 기관과 학술 교류를 통해 해외의 연구성과를 국
내에 소개한다.

문의

사무실
(140-150) 서울시 용산구 갈월동 89-9 세종빌딩 6층
전화 (02)3272-4967-8 팩스 (02)706-5889
E-mail: gihakyun@chollian.net

Homepage: www.kcsi.or.kr

기독교학문연구소 홈페이지로 오시면 기독교 신앙과 학문에 대한 다
양한 강의 및 자료들과 동역자들을 만날 수 있습니다.